大展好書 好書大展

大展好書 好書大展

率領「美國佛教宏法中心」居士們拜訪洛杉磯的西來寺

1994年4月作者在台北宏法

心靈雅集
60

佛教與女性

岩 本 裕/著
劉 欣 如/譯

大展出版社有限公司
DAH-JAAN PUBLISHING CO., LTD.

目錄

前編　佛教的女性觀

前編　佛教的女性觀

第一章　初期經典所見的女性觀及其背景

一、印度社會的女性

佛教女性觀的根底下

談到佛教的女性觀，依據我們今天所知道的情形，就有許多方面，即使有關佛經上記述的女性問題，也照樣非常龐雜，而且種類繁多。即使探討的基調，事實上是佛陀的女性觀，但也別忘了印度社會一向輕視女性，而這個社會也是孕育佛教的地盤。但在後來的佛教卻很盛行「變成男子」的論調，所謂「變成男子」是指「女人無法以原來的女身成佛」，但同時也頗盛行另一種「女人成佛」說，那意謂女人能以原有的女身成佛。這些說法在大乘佛教展開後的各類經典上，提供了大家談論的依據。

密教的女性觀，淵源於「兩根合一」（yuga-na ddha）的「大樂」（mahāsukha）思想，只要不明白印度教那種性的神秘思想，恐怕就不能正確地評價密教女性觀了。雖然可以暫時不提這種密教女性觀，然而，佛教是在印度社會裡開花結果的東西，佛教教團的比丘結構，事實上可說有半數以上都出身婆羅門，由此看來，在初期佛教乃至大乘佛教的女性觀的根底下，或在它的背景裡，就不能漏掉婆羅門教或印度教對於「性」問題的態度。

所以，我們在此要先追溯婆羅門教與印度教裡關於女性問題，只有這樣才有助於我們了解佛教的女性觀的問題。

印度古代社會的女性觀

紀元前三〇〇年前後，英國大使美卡斯德內斯（Magas thenes）駐在當年摩揭陀國的首都帕他利普特拉（pātaliputra），根據若干資料提到當時印度人的習俗時，說道：「當時印度婦女雖然沒有強制貞節的規定，但也在賣淫。」這是令人驚訝的證言。不過，當時所謂「賣淫」這個意思的原名叫做 *πορνεύω*，也許解釋有問題也說不定。

古印度時代的女性，的確在性方面沒有道德觀念，因爲這種事實不時出現在Satapatha－Brāhmaṇa裡，所以，我們知道在後期吠陀文獻時代（約從紀元前八〇〇年前後起至五〇〇年前後），女性的道德水準不太高。例如奧義書一群思想家裡，被視同代表人物的一位祭皮衣（Yajñavalkya）仙人吐露一句自嘲性的話說：「妻子貞節不貞節，誰能知道呢？」又有一段記載說：「女人輕薄，與其說他們在唱讚歌、歌誦神，不如說她們紛紛走入能歌善舞者的地方。」

每次舉行Varuṇa－Praghāsa（瓦魯那普拉加薩）祭祀的時候，主祭官都會向祭主的妻子打聽有沒有情夫呀？姑且不問這個目的何在？至少表示當時女性沒有堅定的性道德。還有在新月祭祀、滿月祭祀開始進行Pravara時，主祭官會親自列舉自己幾代祖先的名字，那些已故的祖先叫做聖仙ārṣeya，這是以主祭官的身份宣稱自己是正統嫡傳，事實上，若說誰能保持純正血統，那簡直是難以置信的事。

古印度的大敘事詩摩訶婆羅多（Mahābhārata）裡也常常提到婦女在性方面相當自由，例如帕德王曾經向庫特妃子說過這段話：

「以前，女人不會被關在家裡。她們可以自由走動，不時跟別人有肌膚之親。她們不但從少女時期開始就恣情縱慾，跟男人亂搞，即使出閣以後也對丈夫不忠實。然而，她們不覺得什麼罪惡感，因爲那是當時的風俗……有些德行良好又賢明的人們卻說，女人在月經以後必須對丈夫守貞節，至於其他日子可以自由跟別的男人做愛。」

其間，所謂「女人在月經以後必須對丈夫守貞節」一語，意謂『瑪奴法典』（Manu－smṛti）上所規定的Ṛtu－gamana。換句話說，這段話的意思是，女人從月經那天算起，即從第五天到第十六天之間的十二天裡，算是可能受孕期，那就必須行夫婦之禮（但是除掉第十一天與第十三天）。這個顯然指那段日子以後可以私通。在『祭皮衣仙法典』（Yajñavalkya－smṛti）上記載：「不貞之罪到了月經時就能淸淨」，這個可以證明上述的事實。在『摩訶婆羅多』這部大敘事詩記載一個婦女私通自己朋友的丈夫，同時平心靜氣告訴這個朋友說：

「當你選擇那個男人做丈夫的時候，我也選擇你那個男人做我的丈夫。這個意思說，朋友的丈夫其實也是自己的丈夫。」

稍後有一項資料叫做『性愛綱要書』（Kāmasūtra），其中第五篇全部討論如何引誘有夫之婦？關於這一點，該書作者這樣說：「撰寫這本書的目的，在於防止別人引誘自己的妻妾」、「男人不該向有夫之婦動歪腦筋。」同時發出警告說：「不該用這種手段與方法引誘有夫之婦。」這些敘述指出當時印度社會的確有過有夫之婦輕浮之類的事情。

那麼，這類女性，尤其是有夫之婦的性生活很自由等現象，到底淵源於何處呢？倘若先把結論說出來的話，那就是吠陀時代殘存下來那種母系制社會裡，有關女人性生活的反映。依照吠陀文獻記載，印度雅利安人的社會是一種父權制社會。然而，其間也有若干記載，暗示母系制的存在。現在，南印度有一支納雅魯族（Nāyan又稱Nair）也還保持母系制度。由此可知古印度社會的女性，她們性生活所以這樣沒什麼拘束，無疑是母系制社會那種習俗的殘餘現象。而且依我看來，那種性生活的自由程度與範圍相當大。

原因是，在婆羅門教的教權制度下，所制定的法典中有些Rtu gamana 的規定。那是某種煞車器的裝置，針對當時社會普遍容忍有夫之婦的性生活可以不受拘束而設置的，依我看，這種規定設計的背景下所存在的社會狀態，無疑相當深刻和明白。事實指出，婆羅門階級對於時勢變動非常敏感，他們經常擴大這種教說的範圍，並努力擁護自己的宗教特權。

也許上面談得太多古印度社會有關女性性生活不受拘束的情形，不過，在婆羅教的教權制度下，仍然殘餘這些舊習慣，也是無法掩蓋的事實。那麼，我們現在這種事實的背景下，追溯和觀察印度社會裡，關於女性觀是如何形成的問題？

吠陀時代的女性地位頗高

早在吠陀時代，許多祭祀及宗教儀式都是女人開創出來的。尤其，家庭祭祀若沒有妻子和女兒參與，就無法執行了。在結婚典禮上，要人唱誦讚美歌，捧著供物，又由於場所、時間與家庭狀況不同而有所差別，有關這些慣例都必須幫忙丈夫，而且她們也參與農耕方面的祭祀。因此在初期是夫妻都共同擁有家庭財產daṁpati（「家長」的複數形），還有少年男女也受相同的基本教育。世人都知道，當時有一位女哲學家叫做卡爾基・華加庫納威（Gārgi Vācaknavi），曾經向大名鼎鼎的祭皮衣（Yājnavalkya）仙人滔滔不絕地展開一場辯論，尤其，這位仙人的一個妻子叫做瑪特雷伊（Maitreyi）也能跟丈夫討論宇宙的最高原理，可見當時不乏有知識的女性。

討論古印度時代的女性時，可別忘了吠陀神界也存在女性神格的事實。例如天剛亮的女神叫烏夏斯Uṣas，黑夜女神叫做拉脫利Rātri，河流女神叫莎拉斯瓦特Sarasvati，大地女神叫普季特威Pṛthivi等都是屈指可數，但其中以烏夏斯最偉大。在『梨俱吠陀』Ṛgveda的神界裡，烏夏斯也是一位非同小可的女神，手上捧著二十篇讚歌，總共出現她的名字超過三百次，而她手上的讚歌在所有『梨俱吠陀』裡，一直被看作最優美的東西。她被看作上天的女兒，也是夜晚女神拉脫利的妹妹，更是太陽神斯阿亞Sūrya的妻子或情人。

她永遠光輝燦爛、優美動人，而且是年輕少女，能歌善舞，披著羽衣飄然的天界女性。世人都非常讚嘆她以太陽神的先驅身份，驅除黑暗與惡魔。讓天下生靈睜開眼睛，催促他們的活動。施惠天下衆生的女神。然而，這位『梨俱吠陀』的第一名女神，在後期的吠陀文獻上也很少出現了。

不過，在祭儀書文獻上，有一段故事極引人注意，那就是創造主普拉賈巴帝Prajāpati，跟他女兒演出通姦的事情。這種父女通姦的神話早已在『梨俱吠陀』的一首詩偈裡提到了，我們在『夏塔巴塔＝祭儀書』，或者『艾塔雷亞＝祭儀書』（Aitareya－Brāhmana）等文獻上，也會發現若干神學性解說，事實上，這種神話背景等於伊朗創造神話裡，有關近親結婚（Xvaētvadatha）的傳承。所以，我們不能將這種神話直接跟古印度社會那種女性無拘束的性生活連接起來。然而，烏夏斯卻從『梨俱吠陀』第一女神的地位降落下來，致使她幾乎難得出現在祭儀書文獻以後，這種事實似乎反映出古代印度女性命運的下降狀況。

女性地位的下降

在祭儀書的文獻記載裡，就某方面來說，女性簡直被社會輕蔑和侮辱得非常徹底。上述瓦魯那普拉加薩（Varuna－Praghāsa）祭祀時，主祭官會向祭主的妻子打聽有沒有情夫？若從女性的立場來說，無疑非常不禮貌，不論怎樣說明，那都是一種侮辱。因爲這樣詢問對方，等於建立在這種前提——女性不貞、不值得驚異——上面。難道再善良的女人也不如壞男人嗎？女人、骰子和睡眠等三者跟破滅有關嗎？還有對女性的謾罵也多得不勝枚舉。

再依照大叙事詩『摩訶婆羅多』等記載，也發現當時社會認爲女性在本質上是邪惡的，在精神上很齷齪，只要有女人在場，就會污染到周圍環境，而成爲解脫的邪魔或障礙。女性不能控制自己，不論何時何地，在祭祀的場面都是不清淨的存在，她們無情無義，公開私通男人，內心苛薄殘酷，缺乏思慮的能力。

雖然女人表面上嬌小柔弱，背後卻有強烈的色情慾望，她們的性慾貪求無厭，不能得到滿足。她們熱烈盼望床第間的快感，只要有機會，就敢讓男人上床，而不管對方是多麼卑劣，也不在乎對自己丈夫不貞潔，或對全家人不誠實，反正肆無忌憚，什麼都不管，亦毫無良心上的不安。至於所謂貞節婦女，只不過自己沒有機會，或擔心被人發覺罷了。

人的愛情反覆不定，隨心所欲更換情夫，就像穿衣服一樣隨便。因爲女人是撒謊的權化，所以，女人的眼淚與抗議，就失去實質意義了。甚至還說「女人是貪婪所有東西的咒罵者」、「女人身體每次跟男人做愛，都透過男人的血與精子而樂此不疲，開始起動生命的惡性循環。」因此，女人被看作罪犯、奴隸，和那些從低階者中被趕出來的賤民一樣。

關於輕蔑女性的現象，也不難從『瑪奴法典』（一〇・六七）上發現，其中有一條說得非常極端：「殺死女人，就彷佛偷人的穀物、家畜，或強姦酒醉女人一樣。罪狀很輕微（upapātaka）。」

在『瑪奴法典』上又有下列幾條侮辱性文字，例如「女性常常不獨立」

（五・一四七—一四九、九・二—三），「女人原本即惡性」（二・二一三—二一五、九・一七—二〇），還有歧視條文說：「不能誦讀吠陀經典」（九・一八），或「不能舉行祭祀」（四・二〇五—二〇六、一一・三六—三七），同時限制女人不能擁有財產，或繼承遺產，至於其他法典對女性的苛薄限制也大同小異。女性在印度社會的身份屬別，被確定在印度法典上，縱使記載中有幾行讚嘆女性的文字，那也只是修辭上的事。所以，我們可以肯定地說印度諸類法典記載的女性命運非常悽慘。

既然印度諸種法典記載的女性這樣卑賤，那麼，她們有什麼理由存在世間呢？何必讓她們存活呢？結論是，他們為了對祖先有所交待，對諸神持續永久的宗教義務，而要女人生出男孩子。

『瑪奴法典』（九・八）記載「丈夫以精子形態進入妻子身內，變成胎兒出生人間」，還有『納拉達法典』（一二・一九）也記載「為了生育子孫才創造出女人。所以，妻子是田野，而丈夫是播種者，田野必須屬於播種者。」關於後者，提到子孫一語，那當然是準備生男孩的意思。

由此可知，大家都希望生男孩的習俗或信仰，早已記在『梨俱吠陀』有關結婚典禮的祈願頌（一〇・八五・四五）裡，從此以後，傳統上大家看見男孩誕生，便喜形於色，生了女孩便很淡漠了。

依照印度原始的宗教觀看來，個人下輩子的命運，決定於這輩子有沒有負起傳宗接代，生男孩的責任上。大家相信只有能在地上留下兒子——可以執行葬祭、持續祖宗祭祠的人才可以到天堂，繼續過著快樂生活。不能生兒子的漢子跟殺嬰者一樣，印度諸類法典規定殺嬰者跟殺有學識的婆羅門同樣的罪狀。這一來，生兒子可不能任由男人的意願高興與否，而得規定適宜受孕時期，丈夫有義務跟妻子同床，而這就是印度諸法典所定的宗教義務。

然而，這種義務的背景裡，誠如前述，存在女人性生活不受拘束的自由。原因是，印度諸法典雖然一面輕蔑女性，竭盡侮辱之能事，但在另一方面爲了維持這種夫妻關係，揭示理想妻子的類型，而讚賞如此行爲。言外之意是，當時社會風氣所以要嚴防妻子的不貞，目的是很在意她能否替自己生個兒子罷了。

同時，印度神話、傳說和文學作品中都很讚揚那些能夠順從丈夫、刻苦耐勞、毫無怨言的理想賢妻，且很歌誦那些聰明女人，懂得用機智斥呵別的男人的引誘。前者的例證有『羅摩衍那』Rāmāyana 的主角叫做拉馬Rāma 王子，他的妃子Sitā正是這類典範，『摩訶婆羅多』裡有一節莎維特利Sāvitri的故事也是。後者的例證有『德華斯密貞女的故事』等。

由此可見古印度時代的婦女地位，從『梨俱吠陀』時代以後，就逐漸下滑了。那麼，它的原因或理由在哪裡呢？由於留傳下來的文獻只有片斷，且又複雜，有時甚至有齟齬與矛盾的傳承，可說錯縱複雜。雖然，也極可能從各種立場提出大膽假設，但恕我不在此贅述。我要依據上古時代到紀元前後的資料，一面重點記述有關印度社會的女性問題，一面藉此追尋佛教女性觀的參考資料。

二、佛陀與女性

佛教教團的女性觀

佛陀出世應該在紀元前六世紀，到紀元前五世紀初葉。婆羅門的教權制度好不容易才開始崩壞，繼而展開印度教的時代。印度雅利安人與原住民進行族裔通婚，西瓦神的信仰盛行，那是個推移轉換的時代，大家可以自由討論人生重要的問題，結果出現許多哲學家與宗教家，就某方面來說，那是個混亂的時代。若從婆羅門教的歷史來看，那時相當於後期吠陀文獻時代的末段；若從上述狀況看來，可知當時一方面是歌誦女人享有自由的性生活的時代，另一方面也是蔑視女人，企圖鞏固這種風潮的時代。在這個大時代裡，佛陀置身在這種古印度社會，到底對女人抱持什麼感想呢？不消說，佛教女性觀當然淵源於此了。

佛陀無疑有豐富的性經驗，佛陀晚年談起青年時代的生活，從他的談話觀察，佛陀年輕時期在性愛方面好像相當放蕩不羈，我想正因爲這樣，佛陀對於情愛的快感有過充分體驗，反過來才能領悟性愛的毒害與空虛。

依照佛經記載，發現佛陀的女性觀可以截然分成兩種，那就是他對出家人和在家人的觀點。對於後者，佛陀便主張男女平等，尊重女性；反之，對於前者，佛陀不但視女性爲不淨，且輕蔑女性，尤其對於女尼要求更嚴格，她們出家時要接受比男僧更多戒（具足戒），所以，在律方面的處罰事項也多一些，在受具足戒的時候將接受八項條件，而這些正是目前的實狀。

首先，不妨聽聽佛陀輕蔑女人的話。原始經典的『司塔尼帕達』Sutta－Nipāta（八三五）聚集了佛陀的話，其中一段話是這樣：

「我（早年尚未開悟之前）即使看見渴愛、不性感的女人和愛慾（三個魔女），連想跟她們做愛的念頭都起不來。這些女人裝滿大小糞便，到底是什麼東西嘛！我甚至連想碰她的腳的慾念都沒有。」

依照後代文獻記載，在庫爾地方有一位婆羅門，名叫孟加德亞，有一天，他把女兒打扮得漂漂亮亮，一起走到精舍，央求把女兒送給佛陀做妻子，佛陀才以上段話回答他。這項傳承記載的三個魔女是：「身體亮麗得像金塊一般，體液及其他肉體上連一塊污穢也沒有。」還有古老的經典上亦有以下一段對話。當時，服侍佛陀的阿難（Ānanda）曾經問道：

「師尊呀！女人爲什麼不能出席公共場所呢？爲什麼不能做某種職業呢？又爲什麼不靠某種職業生活呢？」

只聽佛陀這樣回答說：

「阿難呀！因爲女人容易發脾氣。阿難呀！因爲女人生性善嫉。阿難呀！因爲女人嗇吝。阿難呀！因爲女人愚昧。阿難呀！由於這種種原因，女人才不能出席公共場所，不能做任何職業，也不能靠什麼職業謀生。」

這樣看來，阿難的話可說是婦女解放論者的口氣，不論從哪方面看，佛陀的答話無異一種反婦女平等的論調。

至於佛教女性觀，這段話可說佛陀在教團內對待比丘尼表白得最透徹了。在佛陀的教團內所以存在比丘尼，那是因爲佛陀的堂弟阿難央求讓佛陀的姨媽波闍波提進入教團。據說當時佛陀再三拒絕，但經不起阿難苦苦央求，才蒙佛陀允諾了，但女人出家必須加上八項條件attha garudhamme（八種重要教義）。內容摘要於下：

㈠ 即使出家已經百歲的比丘尼，見到剛出家的比丘，也應起恭敬禮拜，敷清淨座請坐。

㈡ 比丘尼不能住在沒有比丘的地方。

㈢ 見習期間的比丘尼，兩年裡要遵守特別的戒，等到圓滿時才能出家。

㈣ 比丘尼在任何情況下，都不能謾罵或指責比丘。

㈤ 從今天起，比丘尼不能對比丘說話，而比丘可以對比丘尼說話。

其次，出家受具足戒時，男比丘要受二百五十戒，而比丘尼得受三百四十八戒，多了四戍。因此，關於律方面的處罰事項，比丘尼就格外多了。現在不妨看一下教團最重要的波羅夷法（Pairājika），和以後的僧殘法（Saṁghādisesa）的大致內容。

首先談到被趕出教團的波羅夷法——

(1) 性交（淫）。

(2) 偷盜。

(3) 殺人。

(4) 大妄語（事實尙未證悟，卻撒謊自己證悟了）。

這四項規定是比丘和比丘尼要共同遵守的。

(5) 以愛慾心而觸摸有愛慾心的比丘的腋以下、膝以上，或相互擁抱、撫摸。

(6) 明知其他比丘尼犯了波羅夷罪，而隱瞞不報。

(7) 隨順被趕出教團的比丘，聽到其他比丘尼三次勸告，仍然不聽。

(8) 任有愛慾心的男人握手，或任他抓住衣服，甚至在人眼看不到的地方跟男人相會。違反以上八項者。

後面四項是比丘尼特有的波羅夷罪。至於尙未被趕出教團以前，違反者在一定期間內，所有教團成員應有的權利都會被剝奪，而這就是殘僧法。內容列出十三種比丘的罪狀，包括故意洩精液在內，而比丘尼有十七種罪狀，包括訴訟或獨自行走等，而其中七種要雙方共同遵守。對付比丘尼有十種殘僧法，從那些犯罪內容來看，就整體而言，對待比丘比較鬆些，對待比丘尼就很嚴苛了。

換句話說，如果確實知道誰犯了殘僧罪，那麼，比丘只要謹慎六晝夜就夠了，而比丘尼就得謹慎十四天，顯然，處罰男女有差別，至於什麼理由，可就不明白了。此外，沒收（nissagiya）方面有十二種，贖罪（Pācittiyā）方面有九十六種，戒告（Patid－esaniya）方面有八種，都是對比丘尼的特殊規定，詳情恕我不在此贅述。

允許女人出家之後，佛陀繼續感嘆，當阿難稟告波闍波提姨媽出家受完了具足戒時，就聽佛陀說道：「倘若女人不出家，正法會持續一千年，但讓女人出家以後，正法也只能持續五百年了。」又說：「稻田或甘蔗園一旦有了病菌，那些田園很快會荒廢了，同樣地，讓女人加入教團以後，教團也馬上要混亂起來，我所以要附帶八項條件，就好像在大湖旁邊建造堤防，目的在防止湖水氾濫。」基本上，佛陀的想法是輕視女性，這一點應該不在話下。

然而，這方面後來有了一段插曲。

佛陀圓寂後，以大迦葉爲首的一群長老紛紛指責阿難，譴責他當年在佛陀身邊所作的各種行爲。當時，有一項指責是，怪他替波闍波提向佛陀求情，致使她得以出家。這段插曲跟上述佛陀向阿難嘆說女人的話，同樣可以顯示女性在佛陀教團的地位，或佛教教團的女性觀，也可見男尊女卑在佛教教團內是存在的。儘管這樣，我們知道後來還是有許多女性出家了。

有一部『長老尼偈』（Theri－gātha）聚集初期若干著名的比丘尼的偈語，從該書的內容看來，有一舍衛城（Sāvatthi）富商的女兒，發現自己竟跟母親擁抱同一個男人做丈夫、不由得在全身戰慄之下，跑去出家了，這位姑娘就是蓮華色女（Upalavāṇṇā），反正其他出家女性都有自己的理由，總共有七十一位比丘尼最著名。其中，出身王室者有二十三人，出身富商家庭者有十三人，出身婆羅門階級者有十八人，加上四個妓女，雖然出身形形色色，但依我推測，這七十一位比丘尼應該是最高的比丘尼數目吧？

佛陀與在家女性

一般來說，佛陀對於教團內的女性傾向相當嚴苛的態度。但在另一方面，佛陀對待在家女性卻傾向男女平等。我們不妨先看看佛陀讚美女人的話。且說憍薩羅（Kosala）國有一位波斯匿王，當他的妃子勝鬘夫人生下一個女兒時，國王並不歡喜。這時，佛陀告訴國王說：

「大王呀！我們所謂女人，其實也有女人比男人更優秀，她有智慧、守戒律、敬愛婆婆、忠實於丈夫。她生下兒子也可能是個英雄，或地上的主人。因此，好妻子的孩子也能領導一個國家。」

有一部『辛加拉教誡』（Siṅgālovāda）經典專門搜集佛陀所說的世俗倫理。它相當於漢譯『長阿含經』卷十一的『善生經』、『中阿含經』卷三十三的『善生經』以外。還包括『尸迦羅越六方禮經』，以及『善生子經』。在這方面，佛陀列舉下面五項妻子的義務：⑴好好整頓家事，⑵謹重侍候丈夫的親人，⑶守貞節，⑷好好保護財產，⑸對一切事務都勤勉能幹。佛陀所謂理想的妻子，若仔細對照印度教文獻的記載，倒是滿有趣的事。具體地敘述實踐倫理，似乎太過形式性的列舉了。

我們從『玉耶經』Aṅguttara－Nikāya（七・五九）裡，也能看見當時的妻女觀。且說舍衛城有一位大富商名叫給孤獨，他的兒子娶位媳婦叫做玉耶 Sujātā。

她自恃美貌，態度十分傲慢。一天，佛陀拜訪給孤獨家裡，乍聞玉耶指婢喚奴，態度很惡劣。於是，佛陀就叫玉耶過來，教訓她人間有七種妻子，玉耶聽了深受感動，終於皈依了佛陀。現在，讓我來轉述佛陀所謂七種妻子：

心地殘忍、幸災樂禍、妄殺用錢買來的人，這種妻子叫「殺人妻」（Vadhā bhariya）。

善於經商或耕作，夫妻一起得到的財寶或技術，企圖減少分毫的女人，叫做「盜人妻」（Cori bhariyā）。

不夠精明，整天吃個不停。說話粗魯，喋喋不休，心術欠佳，欺壓通情達理的丈夫，這種妻子叫做「婦妻」（ayyā bhariyā）。

始終熱愛丈夫，好像母親痛愛兒子般體諒丈夫，謹慎護持夫妻儲蓄的財產。這種妻子叫做「母妻」（mātā bhariyā）。

好像妹妹伺候姐姐一般對待自己的丈夫，心地溫馨，聽從丈夫的話，這種妻子叫做「妹妻」（bhagini bhariyā）。

好像招待久違的朋友一般對待返家的丈夫，讓他歡喜，賢慧高雅，忠實於丈夫，這種妻子叫做「友妻」（sakhi bhariyā）。

不論丈夫怎麼說都不生氣，始終心平氣和，深怕被丈夫責備，逆來順受，笑容可掬聽從丈夫吩咐的妻子叫做「僕妻」（dāsi bhariyā）。

玉耶聽了佛陀的開示，最後坦言自己想做個「僕妻」。

尚有南傳『增壹阿含經』五一（九）跟上述大同小異，記載下列四種妻子，那就是：

(1) 似母婦——隨時仰視丈夫，善於侍候供養，不讓他缺少什麼。那時有諸天協助護持，死後馬上投生天界。

(2) 似親婦——看見丈夫不分你我，憂樂與共。

(3) 似賊婦——看見丈夫就滿懷瞋恚、憎恨和嫉妒家長，既不侍候，也不恭敬禮拜。一看到就想害他，心不在焉。丈夫對她冷淡，她也冷漠丈夫，得不到別人敬愛，諸天不護持她，惡鬼會侵犯她，一旦嗚呼哀哉，就會下地獄。

(4) 似婢婦——賢慧女性，隨時仰視家長，言聽計從，對任何責罵都忍氣吞聲，不會反唇相譏。能夠忍耐貧寒，始終懷有仁慈心，人溺己溺，能得諸天護持，人與非人都能照顧她，一旦身死命終，會投生到善處天上。

兩者記載稍有些出入，但也都能掌握女性的善惡兩個層面來分類，從這一點看來，不難發現佛教女性觀的一部份。這些都是印度教文獻看不到的記述。

三、初期經典所見的女性觀

女性的類別

有下面一連串的經典都是以玉耶爲女主角。例如：

㈠『佛說阿遬經』——「大正藏」二・八六三上—下。劉宋　求那跋陀羅譯（四三五—四四三）。

㈡『佛說玉耶女經』——同右，二・八六三下—八六四下。失譯（二六五—三一六）。

㈢『玉耶女經』——同右，二・八六四下—八六五下。失譯（二六五—三一六）。

㈣『玉耶經』——同右，二・八六五下—八六七上。東晉　竺曇無蘭譯（三八一—三九五）。

鬥。

在㈠部經裡提到「女人侍候丈夫有三惡四善」，有七種分類。所謂三惡是：

(1) 如跟怠惰者同居，不想做事，靠謾罵過日子，嗜好美食，喜愛跟人爭鬥。

(2) 如跟怨家同居，無心對丈夫好，既不希望丈夫好，亦不希望丈夫有成就，無異希望丈夫死。

(3) 如跟偷盜同居，不珍惜丈夫的財物，念念不忘欺騙丈夫，經常隨心所欲，而不順從子孫，只知淫慾，這種女人死後，會輾轉到惡道裡，而無出頭的日子。

其次、談到四善是：

(4) 妻看見丈夫從外面回來，無異母子見面，一旦丈夫有突發的不祥事故，恨不得自己親身替代他。

(5) 妻侍候丈夫，無異兄弟相見，有上有下，彼此協助，縱使丈夫有什麼不對，也不認爲不對，沒有輕浮念頭，經常陪著丈夫說話。

(6) 妻侍候丈夫好像對待朋友一樣，彼此思念，相見甚歡。目睹大夫從別地回家，就像看到父兄一樣。內心歡喜，和顏悅色。爲人妻子應該有如此心胸。

(7) 妻侍候丈夫好像婢子侍候主人。縱使聽到丈夫破口大罵，也不以爲不對。縱使被棍棒捶打，也不以爲嚴重。再三被丈夫指使，也能任勞任怨，不以爲苦。縱使丈夫再壞，心中也不以爲他壞。一直不忘照顧子孫。這種妻子壽終正寢，會馬上出生天界，且在天上有一群侍者環繞，身上經常披戴好衣與珍寶。

當佛陀向玉耶講述三惡四善時，據說玉耶當場發誓說：「我今後要像婢女般侍候丈夫了。」可見巴利文記載比『增壹阿含經』記載更接近上述內容。

㈡『佛說玉耶女經』，㈢『玉耶女經』、㈣『玉耶經』等三篇，除了像上述一樣把妻子分爲七類以外，也記載女性有三障十惡，或五善三惡，提示有關佛教女性觀方面不少有趣資料。現在先從妻子的種類開始，分別列述㈡五種、㈢與㈣七種妻子的內容。

㈡所列舉的五種妻子類型：

(1)　母婦——熱愛丈夫要像母親疼愛孩子。
(2)　臣婦——侍候丈夫要像臣子侍候君王。
(3)　妹婦——侍候丈夫要像妹妹侍候兄長。
(4)　婢婦——侍候丈夫要像婢女侍候女主人。
(5)　夫婦——背親向疎永離所生（意思不明）。恩愛丈夫，異體同心；尊敬、謹愼、不傲慢。善理內外事情，讓家庭昌隆富裕。懂得接待賓客，得到好聲望。

其中第⑸項「夫婦」是在別處看不到的名稱，至於第㈢與第㈣不論名稱或內容，幾乎屬於同一類。再引用第㈣項內容——

⑴　母婦——熱愛夫婿好像慈母疼愛孩子。早晚侍候他，寸步不離，竭力供養，不失時宜。當夫婿外出時，會擔心他被人欺辱，一看他回家，就憐憫他的辛勞，而使他心裡舒暢，憐愛夫婿猶如憐愛孩子。

⑵　妹婦——侍候夫婿要竭盡敬誠之心，就好像兄弟般同心異體，骨肉至親，心不二念。尊敬他、侍候他，彷彿妹妹侍候兄長一般。

⑶　善知識婦（相當於第㈢的知識婦）——以誠懇疼愛的感情侍候夫婿。思念、愛戀而不相棄。常常坦率告知秘密的私事，看見夫婿有過失，與其責備他注意，不如在行動上使他矯正過來。彼此互敬互愛，有商有量，竭力增進他的智慧。熱愛他，讓他能幸福過日子，扮演善知識的角色。

⑷　婦婦——竭盡誠懇與恭敬之心，供養姑婆家長。用謙遜態度侍候夫婿，守密聽命。早起床、夜晚遲睡眠、恭敬從命，口不失言，行爲沒有過失。若做好事，就要誇獎和謙讓給夫婿；若有過錯，就要說是自己做的。好好奉勸夫婿仁慈

施惠，懂得勸進的道理。心情專一，別有絲毫邪念，好好修持女人的節操，可別半途而廢，或缺乏幹勁。前進可別魯莽，後退亦不失禮，只要以和爲貴即可。

(5)　婢婦——經常懷著謹愼畏懼之心，不要傲慢。做事小心謹愼，全力以赴，不迴避亦不逃走。內心要常常懷著恭敬，恪守忠孝、竭盡節操、不要變心。說話溫和，態度溫柔，不要口無擇言，說話粗魯。行爲上別跟放逸之徒爲伍。內心要純潔、善良、誠實、樸素。舉止端莊、對夫婦有禮貌。縱使被夫婿百般疼愛，也不要傲慢得咄咄逼人。縱使被夫婿冷漠，也不要抱怨。甚至被夫婿用杖棍捶打，也要心甘情願忍受而不能憎恨他。縱使被他辱罵，也默默不反駁，不懷恨。可要心平氣和去接受，而不要三心兩意。勸夫婿親近自己喜歡的女人，妻子說話表情都不要妒嫉。縱使夫婿對待自己薄倖，亦不要控訴與怨嘆。認眞修持婦道，不要挑選好衣服、好食物，竭盡所能，誠心誠意。侍候夫婿彷彿婢女侍候權威者一樣。

(6)　怨家婦——看到夫婿不高興，始終心懷瞋恚。不分晝夜都念念不忘要離婚。無心扮演妻子的角色，始終像食客一樣。胡鬧喊叫，夫妻爭吵不休，肆無忌憚，披頭散髮，躺著不起來工作。旣不想持家務，亦不敎養兒女。淫蕩不知恥，形狀彷彿貓狗畜生，侮辱親友鄰居，彷彿怨家一般。

⑺　奪命婦——白天夜晚都不睡覺，只會以瞋恚心對待夫婿，只想用什麼方法離開他。企圖給予毒藥，又恐怕別人發現。倘若用財物僱人，就會殺他，而去另找情夫。

這個比起上面巴利文Aiguttara－Nikāya的記載，顯然那些是四善婦與三惡婦。反之，這些屬於五善婦和二惡婦，這一點必須注意。

經典顯示當時的女性觀

第㈡、㈢和㈣等三部經典記載「女身有十惡」，無疑明白表示當時的女性觀。現將三部經對照於下：

	㈡『佛說玉耶女經』	㈢『玉耶女經』	㈣『玉耶經』
⑴	出生時父母不歡喜。	生下來父母勉強養育。	女人哇哇落地，父母不高興。
⑵	養育時也覺得浪費。	懷孕憂愁。	養育不感興趣
⑶	常擔心嫁娶、無禮。	生下來父母不高興。	女人心常常敬畏人。

(4)	處處敬畏夫婿。	養育無意義。	父母始終擔心嫁娶。
(5)	離開父母。	父母隨逐不離時宜。（意思不明）	離開父母。
(6)	依靠別人門戶。	處處敬畏人。	經常敬畏夫婿，並看他臉色。
(7)	懷孕，甚難。	常常擔心她的婚嫁。	懷孕、生產，甚難。
(8)	難產。	一出生即要離開父母。	小時被父母嫌棄。
(9)	常常敬畏夫婿	常常敬畏夫婿。	中年受制於夫婿
(10)	始終不得自在。	不得自在。	年老被兒孫斥呵。

其次，從侍候公婆和夫婿的觀點來看，「女人有五善三惡」。詳情如下：

五善：

	(二)『佛說玉耶經』	(三)『玉耶女經』	(四)『玉耶經』
(1)	早起晚睡，做家事	早起晚睡，美食要先敬	早起晚睡，梳髮、穿好衣

。所有美食不能開口就吃，先挾給公婆和夫主。	公婆家長。	服。洗臉眼睛，不要有垢污。先做家事，打開神棚、佛壇。常懷恭順心，有美食也不能先吃。
⑵ 看顧家物，不要遺失。	遭人打罵也不能懷恨。	被夫婿呵罵也不得懷恨。
⑶ 說話慎重，忍辱、少瞋。	一心愛丈夫，不能邪淫。	一心守住夫婿，沒有邪淫念頭。
⑷ 舉止端莊、行動謹慎，始終戰戰兢兢。	以身體侍候丈夫，讓夫婿長命。	常盼夫婿長命，若他外出，妻趁機打掃家室。
⑸ 專心誠意，孝順公婆，使夫婿得到好聲望，親屬歡喜，人人稱讚。	若夫婿要遠行。趁機打掃房舍內外，不要懷有二心。	常常懷念夫婿的優點，忘記他的缺點。

三惡：

(1)	尚未天黑早睡，太陽不出不起來，被夫主一罵就生氣，反而視他可惡，並反唇相譏。	輕蔑夫婿，不服從公婆。一有美食自己先吃，尚未天黑早睡，不出太陽不起來，被夫婿一罵，大聲反唇相譏。	對公婆、夫婿侍候不禮貌。只想吃好東西，且先動手挾來吃，尚未天黑就早睡。不出太陽不起來。受到夫婿教斥，怒目相視。
(2)	好食物自己吃，壞食物端給公婆夫婿吃，好色、欺詐，無惡不作。	看到丈夫不歡喜，經常嘔氣，內心喜歡別的男人。	對夫婿不專心，只想念別的男人。
(3)	不謀生計、貪玩。說三道四，東家長西家短，愛跟人吵架，被親屬嫉憎，地位低賤。	希望丈夫早死和再嫁。	希望丈夫早死和再嫁。

我想，不必再解說上面的內容了。因爲都出自佛經記載，故可知當時佛敎的女性觀。至於問哪些是佛敎的呢？那就很難說了。我想佛敎敎團以印度社會做背景，爲了當作一種敎化手段，就完全採用印度社會通行的女性觀了。但必須要注意的是，除了記載「惡」事以外，也有相對的「善」事。大乘佛敎興盛以後，出現一種「變成男子」的論調，從此，也可看出以上的傾向了。

第二章　大乘佛經所見的女性觀

一、佛教女性觀的展開

女人成佛與變成男子

大乘佛教展開時，佛教女性觀就展現出特色來了。換句話說，女性就被看作一項宗教性問題了。如衆所週知，大乘佛教所謂「菩薩」（bodhisattva）。就是從神話世界解放出來而「求悟的人」，顧名思義，其目的就是完成「無上正等正覺」（阿耨多羅三藐三菩提）。由此可見，菩薩是大乘佛教的修行者，具有宗教性的完整人格，發菩提心（bodhictta 求悟心）修行。將這份功德施惠於別人。且在無限漫長期間不停地修行，以至成佛。

那麼，開始時最要緊的是發心的人。這一點應該不在話下。但這樣一來，只要一想到佛教教團所處的世界，仍然是印度教的世界，那麼，一向被印度教觀念所輕視的女性，在宗教地位上要怎樣面對呢？這當然是一個大問題。當時，『大般涅槃經』卷三十六有一段話說：

「一切衆生都有佛性，即使像一闡提人誹謗方等經，造作五逆罪，犯了四重禁，也必能成就菩提道。還有須陀含的人，阿羅漢的人，辟支佛等，也必能成就阿耨多羅三藐三菩提。」

男女沒有差別，所謂「一切衆生」，當然也包括「女性」在內。這也許是一項解決方法也說不定。但是，也有人認爲這種寫法，在印度社會男尊女卑的觀念裡，若說女身也能跟男人一樣成佛，無異倡導一種男女同權論，因爲顧慮到這種危險，才從不同立場設計出一套解決辦法。

事實上，眞正討論女人可以即身成佛的經典極少，反而有許多經典提到「變成男子」。

換句話說，依據印度人原來的女性觀，那是輕視女性或男尊女卑，站在這個基礎上，如果說女性成佛會有問題的話，那麼，女人就必須變爲男人才能成佛，從此展開一套「變成男子」或「轉女成男」的理論，這種結果無疑是很自然的事。

不過，這套「變成男子」說也跟佛經所說的不一樣，有些主張眼前的女人會變成男人這種奇蹟，而有些主張「變成男子」得以投胎轉世爲前提，尤其，前者設有各種情境。

然而，這些奇蹟若設定情況時，會顯得不自然，依據古印度的輪迴轉世說，而主張「投胎轉世」者，在宗教上也許滿合理也說不定。

耆那教的德幹巴拉派就採取這項立場，女人若不投胎轉世爲男人，就無法解脫，他們至今依然僵持這種信仰。在佛教裡，這種立場被記述在阿彌陀佛本願中一句「女人成佛之願」，或「女人往生之願」裡。

這樣看來，大乘佛經的女性觀呈現形形色色的樣相，即使最常見的「變成男子」說，也設定各種情狀和條件。下面不妨先說明那些記載「變成男子」的經典，及其大概內容，同時追溯它的開展結果。

二、哪些經典記載「變成男子」說呢？

『法華經』——龍女成佛

用最簡明又坦率文句解說「變成男子」的首部經典是——

㈠『法華經』第十一章「見寶塔品」後半部份（提婆達多品第十二）。首先，釋尊提到自己跟提婆達多的關係：

「提婆達多曾經是我的好朋友，幸虧提婆達多的協助，才使我得以成就六波羅蜜，我雖曾得有四無量心、三十二相、八十種好、金色皮膚、十力、四無所畏、四攝、十八不共法和偉大神通力等，全都得自提婆達多的協助。」

釋尊稱讚提婆達多之餘，也同時授記他在無量劫的未來能夠成佛。一提到提婆達多，佛教徒耳熟能詳他曾經是個佛教教團的叛徒，然而在這兒卻發現釋尊把他看成一位善知識，感激他給予自己的恩惠，並予授記，無疑是很奇怪的情狀。

接著，再談一樁「變成男子」的故事——這跟提婆達多毫無關連，而是指一個龍王的女兒，變成男人再成佛的故事。現在我一面引用譯文，一面追溯這段故事。

當提婆達多得到釋尊授記時，一位智積菩薩從下方多寶如來那個佛國土出來，至於這位智積菩薩到底象徵什麼?我們可不明白。他便問文殊師利，這位文殊師利剛從大海娑竭羅龍王的宮殿回來，文殊師利回答自己曾在娑竭羅龍王的宮殿開講『法華經』，智積菩薩問道：

「這部經典非常深遠微妙，也極難碰得到，且在別處也沒有一部經足以比擬這部經典，到底有誰會崇敬這部像寶貝般的經典，而得到無上正等正覺呢？」

這時，文殊師利答說：

「有的，娑竭羅龍王的女兒，雖然年僅八歲，卻具有非常明徹的理智，感覺能力很敏銳，擁有最高的智慧，身體、言語與心行完美無缺……求悟之心不會倒退，發了很大誓願，將愛情貫注於一切衆生，且能發揮功德，這些方面都很圓滿。她具有極清澈的蓮華相，臉露微笑，內心仁慈高雅，說話深具憐憫心。她有能力可以大徹大悟。」

智積菩薩聽完文殊師利的話後，又提出一項疑問說：

「連至尊釋迦牟尼如來，爲了完成悟道，以前做菩薩的階段，不僅有過無數福德，且在幾千劫的漫長期間努力不懈，一點兒也不敢怠惰。甚至爲了大家的幸福而捨棄身命。之後才漸漸成就悟道。而今娑竭羅龍王的女兒，反而能在瞬間悟解無上正等正覺，有誰相信這回事呢？」

這時候，那位龍王的女兒站在釋尊面前，讚嘆佛說：「妾如願完成了悟道。如來無異妾的證人。」佛弟子中以智慧第一著稱的舍利佛問娑竭羅龍王的女兒。在這段話裡，提到所謂「女人五障」。內容是這樣：

「良家姑娘呀！你立志要證得悟道，即使努力不懈，具有非常深奧的理智，實在也很難大徹大悟，即使女人有心努力不停，不怕挫折，在幾百劫、幾千劫之間實踐過許多福德，也成就了六波羅蜜，但至今爲止也沒有女人成佛。原因是，至今爲止女人還不曾得到以下五種地位。那麼，這五種地位是什麼呢？第一是梵天地位，第二是帝釋天的地位，第三是四大王的地位，第四是轉輪聖王的地位，而第五是不退轉的菩薩地位。」

關於女人得不到的五種身份。『正法華』列舉天帝、梵天、天魔、轉輪聖王和大士等五項；『妙法華』列舉梵天王、帝釋、魔王、轉輪聖王和佛身等五項。不管那一種，反正除了第五項，其他顯然都是印度文化的產物。還有『中阿含經』卷二十八「瞿曇彌經」末尾也有相同記述，顯然，這是後人的說明，我們知道跟『五分律』所述相同。

當時，龍王的女兒手握一個寶珠，價值相當於三千大千世界，但她將它獻給釋尊了。於是，釋尊確認與接納了它，她就向舍利弗說道：

「**尊者呀！倘若妾證悟而擁有佛的偉大神通時，恐怕我會比世尊還要快開悟吧！果眞如此，恐怕就無法拿得到這顆寶珠了。**」

這時候，娑竭羅龍王的女兒，在衆目睽睽之下，也在舍利弗長者面前，突然失去女性的性器官，而長出男性的性器官，自動成了菩薩現身。她去南方無垢世界成佛，以光明照射十方，展現說教的姿態了。

以上是娑竭羅龍王的女兒成佛的一段插曲。事實上，這段插曲本身就成就一項結構。那麼，爲何這段插曲會放在提婆達多的插曲後面來說呢？我們必須承認文字表面毫無脈絡可尋，故不知它的因緣何在？

但在另一方面，我們卻不能忽視一項事實，那就是兩者合而爲一，才構成『妙法華』那章「提婆達多品」。我們不懷疑兩者是同一部派，乃至是同一教團的傳承。我想，其間難道隱藏有「變成男子」說的秘密與起源嗎？

敘述女人五障與「變成男子」的教典

跟『法華經』的記載一樣，也有些經典提到女人五障，與變成男子的事情。例如以下諸經：

(二)『佛說超日明三昧經』二卷

這部經在西晉惠帝時代（二九〇—三〇六）由聶承遠翻譯，沒有藏文本，卷下有下面一段話：

有一位長者的女兒名叫慧施。有一次，她偕同五百位朋友一起去訪問佛陀，她聆聽佛開講超日明定。之後喜不自勝，便稟告佛說：

「妾現在雖然是女人，卻想修行無上正等正覺。妾打算變化女身來成就悟道。」

「女身不能成就佛道。原因是，女人有三事之隔和五事之礙。」

所謂「三事之隔」，即是通常說的「三從」，不僅印度法典如此記載，連佛經上也屢見不鮮。至於「五事之礙」，即是『法華經』所說的「五障」也。那就是：

「女人不能成就帝釋、梵天、魔天、轉輪聖王和佛五者。」

列舉順序有前後，但內容卻跟『妙法華』記載一樣。而今不妨列述它的理由，有趣的是，其間還透露些女性觀。那就是下列五項：

(1)由於雜惡多態，因此，女人不能成天帝釋。

(2)縱情肆慾、沒有節制，因此，女人不能成就梵天。

(3)輕薄傲慢、不肯順從、破壞和喪失正教，因此，女人不能成就魔天（欲界最高的他化自在天）。

(4)匿態（容貌態度的隱瞞缺陷）有八十四，若無淸淨行，女人就不能成就聖帝（轉輪聖王）。

(5)執著色慾、淖情匿態（意思不明）、身口意不一樣，因此，女人不能成佛。

這樣一來，慧施女就開始跟上度比丘爭論起來了。由於慧施女提出敏銳的問題，迫使上度比丘終於承認說：「原來男女沒有差別，乃是因緣所成。」佛陀稱讚慧施女時，據說她忽然從女身變爲男人了。就某方面來說，這雖然是一種常識性的設計，殊不知有關變成男子，並記載女人五障的經典，除了『法華經』以外，僅此一部了。這倒是滿有趣的事。

設計另外情狀來討論變成男子的經典，則有隋朝闍那崛多翻譯的——

㈢『無所有菩薩經』四卷（五八五—六〇〇）。

這位無所有菩薩乃是刻意設計出來的理想形象，以他當主角而開展出一篇故事。雖然，這位無所有菩薩沒有現身，在說明理由時，佛說：「若讓這位菩薩現身的話，婦女們會被這位菩薩擾亂心緒，而無法聆聽教理，好像什麼事都做不下去的樣子。」無如，在場群衆不禁心生疑問：「無所有菩薩到底長得什麼樣子呢？」

這時大衆中有解染、寶瓔等二十八位女人，把瓔珞獻給佛陀，央求說道：「眞想知道無所有菩薩的功德，我們一群妾想在佛的神通庇護下，瞻仰菩薩的樣子。」佛明白她們看見菩薩也不會意亂情迷，因爲她們都有決心求道不怠。就將這項旨趣傳告無所有菩薩了。

菩薩說：「世尊，允許我現身給她們看看好嗎？」

佛：「好吧！我答應了。許多人都想看你的樣子，只要看到你，大家都決心要成就無上正等正覺，並要改變女身，而變成男身。」

無所有菩薩聽到佛說，就從一支一支手指尖端放出了光明，照射王舍城的家家戶戶。

這時，頻婆娑羅Bimbisāra 王的公主皆同一千位侍女。還有王舍城一千名女人前往毗福羅Vipula 山看到二十八位女人懇求佛說，想要瞻仰無所有菩薩。所以，公主和侍女們也異口同聲懇求佛。佛告訴無所有菩薩說：

「你就把完美無缺的姿態呈現出來讓她們看看吧！許多衆生看到你的姿態，就會發心成就悟道，希望像你一樣能在幾千幾百位佛的地方厚植善根。」

果然，無所有菩薩現身了，大地震動，所有樂器自然發出聲響，虛空中紛紛落下天華了。還有天上界的香氣與人間界的香氣自然燻著起來，芳香處處蕩漾著。這時候，在場的女人中全都情不自禁想要跟這位菩薩單獨遊樂，而無心回家，七天七夜都在恍惚度日子。

不料，七天過了一看，菩薩完美無缺的身體漸漸崩潰，輝煌的光明消失，只剩下一棵樹而已。空中傳來一陣聲音：

「諸位！這個正是世間存在物的本來面目，不要以爲那些會永久不變。你們應該希望捨棄女身，而得有男身。你們要發心成就無上正等正覺，要接受男身呀！」

她們乍聞這段話後，心緒才鎭定下來，目睹如來的像具足三十二種大吉相，也就坦率表示：

「妾等都希望有這樣殊勝的身體，我們既無執著心，亦無執著之事，就像這尊佛身一樣寂靜。」

說話之間，只見她們紛紛由女兒身變化成男人身體了。爲了使她們明白無常和發心，便現出三十二種大人相，使她們產生憧憬，而這一切都是非常利他性的設計。

方便現出女身

經典的作者設計形形色色的情境來說明變成男子。有些經典甚至設計出一位女主角，說她早在娘胎內就已經聽到佛說了。這些經典包括以下三部：

(四)『佛說無垢賢女經』　西晉　竺法護譯（二六六—三一七）

(五)『佛說腹中女聽經』　北涼　曇無讖譯（四一四—四二六）

(六)『佛說轉女身經』　劉宋　曇摩蜜多譯（四二四—四四一）

這位女孩從娘胎開始，就擁有殊勝的志願，一出生便顯現奇蹟，而被佛讚嘆不已。文章記載：「大乘法裡無男無女」，或說「一切諸法無男女」。話雖如此，但也仍然敘述這位女孩聽到佛的教法才發心，從此將女身轉變爲男人的奇蹟。縱使設計出如此特殊情狀，無如，記述也照樣平淡呆板。只會單純將轉變女身的來龍去脈當做故事，讓人索然無味。因此，有關女性觀的記載也大致如此。第㈤部經『佛說腹中女聽經』有一節提及女人的「衆惡」，內容說——

又女人身當內自觀。譬如機關骨節相柱。但筋皮上。女人常畏人。譬如鵄梟蛇蚖蝦蟇。不敢晝日出。常畏人譬如婢使。常與惡露臭處俱。雖是國王女。猶復畏人。女人衆惡亦復如是。

老實說，這節意思的某些部份，筆者並不明白。

其次，上述諸經名稱均是轉變女身strivivarta，跟這個相同系統的經典有以下幾部：

㈦『順權方便經』二卷（又名轉女菩薩經）西晉　竺法護譯（二六六—三一七）

㈧『樂瓔珞莊嚴方便品經』（又名轉女身菩薩問答經）　姚秦　曇摩耶舍譯（四〇七—四一五）

以上都有藏文的譯本，顯然，這些即是「轉女身的預言」Stri－vivarta－vyākarana，其間，提到王舍城有一位長者的女兒，才色兼備，有一天，須菩提托鉢來到這位長者家庭，就跟她談到沙門法的問題，並且反覆回答有關大乘的情形。

曾說以方便做女人，藉此隨同一切衆生來敎化女人。最後，這位姑娘率領五百名女人一起往靈鷲山拜訪佛陀時，舍利弗便問起這位姑娘的因緣故事。佛答說：

「這位姑娘是位菩薩，名叫轉女，從阿閦佛的妙樂世界投胎轉世來的，爲了方便敎化一切衆生，才呈現女人身份。」

這時，只聽這位姑娘表示：「請佛給我預言，妾將來可以成就無上正等正覺。」當佛授予預言時，這位姑娘以及五百位女人，都在衆人面前成了十二歲的童子。基於這個因緣，漢譯的經典名稱才叫「順權方便」與「樂瓔珞莊嚴方便」，藏文譯本名叫 dga'·ba·bgon·pa'·thabs·la·mkhas·pa 。後者爲意譯，前者爲「權衡方便」之意，可知名稱由經典的內容來決定。

同樣地，以方便需要而呈現女身的情節設計，也有一節「變成男子」的故事，那是以阿闍世王的女兒爲主角。那就是下面兩部經：

(九)『佛說阿闍貰王女阿術達菩薩經』西晉　竺法護譯（三一七）

(十)『大寶積經』卷九十九「無畏德菩薩會」第三十二　元魏　佛陀扇多譯（五三九）

以上都有藏文譯本，梵文名叫 Ārya－asokadatta－vyākaraṇa，阿闍世王的公主名叫阿修卡當塔A'sokadattā。這位公主年僅十二歲，卻已才色兼備，無人可與她比美。有一次，當她坐在王宮的玉座上時，一群由舍利弗帶頭的佛弟子托鉢來到了王宮。公主見了一群佛弟子也不曾起座迎接他們。國王責備公主，只聽公主說：

「發心追求無上正等正覺的菩薩，何必向小乘的聲聞敬禮呢？」

阿闍世王責備公主的態度傲慢時，公主就用一個裝滿了水的瓶子譬喻爲聲聞，一滴水也容納不下，反之，菩薩彷彿大海，不論河川之水，或天落的雨水全都能收受下來，乃是一個無量之器。國王默默不語，於是，舍利弗、目連、迦葉、須菩提、羅睺羅等人，開始跟公主談論聲聞、緣覺與菩薩的差別問題，結果，公主說得大家沒有話說。

阿闍世王手指著羅睺羅向公主罵道：「你不知道這位是如來的親生兒子嗎？」公主答道：「如來的親生兒子，乃是已經發心追求無上正等正覺的人。」大家一聽，王宮兩萬名宮女們就發心了。這一來，舍利弗忍不住向佛打聽公主的過去往事。佛說：「她過去已經在九十億佛的地方起了菩提心、厚積善根，追求無上正等正覺了。」舍利弗問：「那麼，爲何這位女人不能轉變女身做男人呢？」佛說：「你不要這樣想，這位女孩是眞正的女人嗎？她是以菩薩身份發願，爲了救渡衆生才現女身的呀！」這時，只聽公主發誓說：「倘若一切法沒有男女之別。那麼，就讓妾現在馬上成爲丈夫身吧！」說也奇怪，在衆目睽睽之下，她果然轉變女人身爲丈夫身，而且飛到高空上面去。

這也是很平凡呆板的安排，爲何爲了救度衆生才現女身的呢？卻沒有說明。同樣地，經典也沒有記載任何所謂女性觀的情狀。只有以變成男子這樣單純的奇蹟談話告終。還有『維摩經』上也記載舍利弗變成女人而被天女愚弄一番，內容也不過記載「爲了要使衆生成熟，便仰賴願力，隨心所欲成爲天女姿勢」而已。

三、輪迴思想與變成男子

恆竭天女的故事

上節的兩部經典都提到爲了方便才顯現女身，這類變成男子的主角是王舍城一位長者的女兒，和阿闍世王的女兒，若依照這兩部經典的藏文譯本看來，以上兩者都被看作一項授記（預言），完全採用授記的形式，將變成男子從輪迴思想，在宗教上將「投胎轉世做男子」加以整理和合理化起來。換句話說，那就是恆竭天女出現在一連串的「般若經」文獻的故事。這些經典有下列幾部：

㈠『八千頌般若經』Astasāhasrikā－Prajyñāpāramitā

㈡『大般若波羅蜜多經』卷五百五十、第四會二〇「殑伽天品」唐　玄奘譯（六六〇—六六三）

㈢『道行般若經』卷六　「恆竭優婆夷品」第十六　後漢　支婁迦讖譯（一七九）

㈣『大明度無極經』卷四　「恆竭清信女品」第十六　吳支謙譯（二二三—二五三）

㈤『摩訶般若波羅蜜鈔經』卷四　「恆架調優婆夷品」第九　前秦　曇摩蜱・竺佛念譯（三八二）

㈥『小品般若波羅蜜經』卷七　「恆伽提婆品」第十八　後秦　鳩摩羅什譯（四〇八）

故事概要於下：

有一次，佛陀向舍利弗說，懷著偉大志願的菩薩（大乘佛教的修行者），以利他勇士的身份，處在任何境遇或狀況下，都必須以泰然自若的態度勇往邁進才好。當時，一位在座的女人意志堅決地說：「不論在任何情況下，妾都不畏懼、不怕威脅、不退怯，爲衆生解說教理。」釋尊聽了呈現黃金色的微笑了。阿難長老看了覺得不可思議，便問釋尊微笑的理由何在?釋尊向阿難長老說道：

「阿難，這位恆竭天女將來會取名爲金花，圓滿成就一位悟道的阿羅漢，而投生到這個世間來。接著，他就有淵博的學識和卓越的表現，成就無上的榮幸和最洞曉世間的睿智之士，他無異一位訓練世人的調教師，也是諸神與衆生的教師；他會成佛和世尊。……阿難，這位恆竭天女捨棄女身而得到男身，當他在世上壽終正寢以後，會投生到阿閦如來的妙喜世界。出生到那裡以後，會在阿閦如來的地方不斷修行。之後死了，會投胎轉世在一個佛世界，幾次投胎轉世，總會見到如來的呀！還有從那個佛世界投胎轉世到其他世界，也能經歷各個諸佛世尊所住的許多佛世界……阿難呀！這位恆竭天女巡迴佛世界，若不能成就無上正等正覺，就不能離開諸佛。」

阿難長老問釋尊說道：

「師尊，這位恆竭天女怎麼在如來的地方，發心追求無上正等正覺，而厚植到善根呢？」

釋尊聽了便告訴阿難長老說道：

「阿難呀！這位恆竭天女先在燃燈佛的地方發起求悟心而厚植善根，燃燈佛是位得到無上正等正覺的阿羅漢、天女那份善根乃是一項功德。便於成就無上正等正覺。她所以希望得到無上正等正覺的預言，係因爲她曾在燃燈佛如來身上撒下金花的緣故。

燃燈佛是一位證悟的阿羅漢，我曾在這位如來身上撒下五莖蓮花，悟解了無生法忍，我便從燃燈如來得到預言說，我會成就無上正等正覺……這時，那位天女聽到我得到預言，便說：『啊！這個年輕人得了可以成就無上正等正覺的預言。妾也跟跟這位年輕人一樣，希望得到可以成就無上正等正覺的預言』。她發起了這股殊勝心。阿難！這位天女就這樣最先在燃燈如來——已經得到大徹大悟——的地方發心追求無上正等正覺，而且種下了善根。」

以上是『八千頌般若』記載恆竭天女這則故事的概要，其他漢譯諸經所記載，雖然有精細、有粗糙，但內容全都一樣。從這則故事裡，不難看到變成男子的論調，只不過對於菩薩勇猛心方面，以一位女性爲主角來討論罷了，至於應該深入的佛教女性觀卻一句也沒有提到。這種變成男子說建立在輪迴說上面，不論在宗教與思想意義上說，都是極爲有條理的記述，依我看，它也許比「變成男子」奇蹟更晚期的東西。

靠「投胎轉世」而離開女人肉體的思想，曾在『法華經』的「藥王菩薩前世因緣」章，以稍微完整的形式提出來。那段內容是這樣：

「如果女人聽到這部經說，而且理解它，將它凝集於心上，那麼，這輩子將是她過女人生活的最後一趟吧！又有女人在最後五十年聆聽『藥王菩薩前世因緣』這一章，並也學習它，那麼，她從此以後投胎轉世，會出生到極樂世界。」

不過，轉女身跟藥王菩薩的前世因緣沒有直接關連，而且建立在討厭女身這項前提上，尤其沒有明確提到女性觀問題。

四、本願思想與變成男子

變成男子說的新開展

所謂本願PŪirvapraṇidhāna，意指「佛在成佛以前，也就是佛在當菩薩時所立的誓願」，而今它跟極樂信仰結合，成爲淨土教的中心思想，依我看，無異淨土教的根本思想一般。本來，它是隨同大乘佛教菩薩思想的開展所發展出來的宗教思想。所以，『無量壽經』所詳述的本願，也同樣是淨土三部經之一。不僅出現在『阿彌陀經』裡，而且出現在本來不屬淨土教系的『彌勒菩薩所願本願經』或『藥師如來本願經』裡，甚至在『悲華經』——敘述穢土成佛，而非往生淨土——裡也屢見不鮮。這樣看來，本願思想竟在浩翰的大乘佛教中開展出來了。變成男子說跟這種思想結合起來，也當然呈現一種新的開展了。

下列諸經顯現出這種開展狀況：

(一)『佛說須摩提菩薩經』西晉　竺法護譯（二六六—三一七）

㈡『佛說須摩提菩薩經』姚秦　鳩摩羅什譯（四〇二—四一二）
㈢『須摩提經』唐　菩薩流支譯跟㈣一樣。
㈣『大寶積經』卷九十八「妙慧童女會」唐　菩提流支譯（七〇八—七一三）

同一原典的不同體系和傳承本來有藏文譯本，依據上面記載，梵文原典的題名叫做 Sumati－dārikā－pariprcchā（童女 Sumati 的質問）。漢譯的須摩提就是 Sumati，本來意謂「生性善良的女人」或「心情溫馨的女人」及「非常賢慧的女人」。如果分解開來看，Su 的意思指「殊勝」或「好的」，mati 的意思指「意見」或「智慧」，故使菩提流支將此字譯作「妙慧」了。

這些經典的主角是王舍城一位郁迦長者的女兒，名叫妙慧。她是年僅八歲的女童，前世曾經崇敬和供養無數諸佛，累積許多功德。有一次，她前往靈鷲山向佛問起菩薩的德性。佛答說菩薩在十事方面都有四種行爲的成就。這時候，妙慧說道：

「妾也想實踐世尊所說的四十種行爲，打算圓滿成就。」

目連尊者聽了這句話，就問說：

「這四十種行爲連正在實際修行的菩薩，尚且感到非常困難。而你現在想發心成就這種殊勝的大願，像你這樣年輕少女怎麼能成就呢？」

她說道：

「如果妾能實行這四十種行爲的話。那麼，全世界會因我而發生前後、左右、上下等六種震動。此外，上天也會降落天華，天上樂器也會自動響起來。」

她的話一說完，全世界立刻發生六種震動，天華紛紛落下，天上的樂器自動響了起來。她又向目連說：

「這可以證明妾的話不是假的，妾要立志求悟，將來會像現在的釋迦牟尼一樣，成就無上正等正覺。如果妾的話不假，那麼，在場的群衆全都會變成金色。」

她的話一說完，群衆果然全都呈現了金色輝煌。

在座的文殊師利問妙慧童女說：

「你依從什麼教法立下這種誓願呢？」

妙慧答說：

「教法有許多種，無法勝數。因此，根本談不上依從其中哪一種。你問妾依從什麼教法，其實不問也罷！」

可見文殊師利就這樣跟妙慧一問一答，但是，文殊師利非常訝異對方居然悟得教法。最後，文殊師利問她說：

「那麼，你爲什麼不變女身做男人呢？」

妙慧答說：

「若說要做男人，其實也沒什麼益處，因爲教法裡沒有男女區別。現在，不妨讓你看一下證據。妾來世若能成就如來那種無上正等正覺，而成佛道的話，那麼，就讓妾現在變現男人吧！」

當她的話一說完，她果然變成男人，且是剃掉頭髮，披上袈裟的沙彌容貌。這時，她向文殊師利發下誓願：

「妾來世成佛的時候，我的國土上會沒有惡魔行蹤、地獄與女人的身形了。」

之後，妙慧又說：

「如果妾的眞誠有靈的話，就讓妾做一個三十歲的沙門。」

她的話一說完，忽見她的身體肌膚馬上成了一個三十歲的沙門。

上述㈡與㈢（即㈣）的內容是同本不同系的傳本，但在大綱方面相同。它記述的內容是一連串奇蹟，在宗教方面也乾燥無味，只有誓願的敘述這一點稍有進展。其間，還同時記載女人身形、惡魔行蹤與地獄，從此不難窺視印度歷來的女性觀。

跟上述『Sumati－dārikā－pariprcchā』相同的結構，在討論變成男子的經典有下列幾部：

㈤『離垢施女經』西晉　竺法護譯（二八九）

㈥『得無垢女經』元魏　般若流支譯（五四一）

㈦『大寶積經』卷百「無垢施菩薩廣辦會」西晉　聶道眞譯（二八〇—三一二）

藏文譯本的梵文題名叫做Arya－Vi－maladattā－paripṛcchā，主角無垢施是波斯匿王的女兒（公主），她年僅十二歲，才貌雙全，且在前世曾經供養無量諸佛，厚積善根，悟解深妙的教法，修得五種神通。有一次，五百位婆羅門出遊，他們目睹菩薩和聲聞們的樣子，便說不清淨，她聽了便向那群婆羅門敘述佛法的功德，待說服了他們以後，那群婆羅門便發心要追求悟道。

那時，她跟一群佛弟子如舍利弗，目連、迦葉、富樓那、阿那律和阿難等展開一場問答，最後，說得他們無話可說。之後，她又跟文殊師利及許多位菩薩展開一場問答，結果也讓對方沈默不語了。佛稱讚她的詢問，也向她說明菩薩應該修持四十種行爲。這一點跟上述妙慧那段故事的結構相同。無垢施聽了佛的說明，便說：「妾也想要實踐世尊所說的菩薩行。」這時候，目連馬上指出菩薩行很難落實，並告訴她女人身很難成就呀！

以下結構跟妙慧的故事相同，文章中有一段話說：「若不能以女身成就阿耨多羅三藐三菩提，那麼，以男身去實行也同樣不能成就。」最後，她得到佛的預言。在此，因爲沒有妙慧故事那句最後的誓願，故在意思上沒有連接本願思想。然而，它跟妙慧的故事屬於相同系列，無疑是顯而易見的。

所以，妙慧故事所說的女性觀，以本願思想爲中心，而這些經典都呈現女性很不受歡迎，無異一種頗爲討厭的話。『無量壽經』記載法藏菩薩的四十八願，其中第三十五願說：

「世尊呀！如果我開悟了，希望多得不可勝數，也無法比較和推測的佛國土上的女人，聽到我的名號，都能心滿意足、發心開悟，之後不僅厭憎女人，且在她們生命終結後，如果再出生做女人的話，那麼，我現在就不想證到無上正等正覺。」

在『悲華經』裡，阿拉內米王提到五十一願，其中第十三願說得很明白。

「希望那裡無所謂女人的跡象。」

『藥師瑠璃光王經』（即漢譯『藥師如來本願經』，記述藥師如來的本願，就用最坦率的口吻在本願中叙述轉女身，變成男子。第八願說：

「我未來成就無上正等正覺時，若有女性，所謂幾百女性罪惡故煩惱，而厭棄女性，希望捨棄女身的時候，只要用心念誦我的名號，那麼，這個女性就不是女人，終於開悟。」

其中，「所謂幾百女性故罪惡」這一點雖然沒有說明，卻不難想像它表示一種印度的女性觀。

五、哪些經典記載女人即身成佛呢？

娑竭羅龍王的女兒卽身成佛

變成男子和轉女身的論調，首見於『法華經』的娑竭羅龍王，內容提到主角的改變情狀，那就是娑竭羅龍王的女兒爲故事主角，繼而說明女人即身成佛。女人仍然以女身成佛，討論此事的經典值得注意。例如：

(一)『海龍王經』卷三「女寶錦受決品」第十四

由上述可知許多有關「變成男子」的經典譯者，也是『正法華』的譯者——竺法護在西晉太康六年（二八五）年翻譯出來的。它也有藏文譯本，依據其所傳，梵文原典叫做「娑竭羅龍王的質問」Sāgara－nāgarāja－paripṛcchā。換句話說，娑竭羅一字，即是普通名詞「海」的意思，而漢譯經典叫做「海龍王」，可知兩者意思一樣。這部經典第十四品的女主角名叫寶錦，即是龍王的女兒，依據藏文所傳，娑竭羅龍王的女兒爲Rin・chen・sna・tshogs・can（・mo），梵文叫做Ratnavati。這位公主有一次率領一群龍女一起將珠玉的瓔珞呈獻給佛，央求說道：

「今天妾等一起來立志，希望成就無上正等正覺。妾等希望來世成佛，成就最高與眞正的悟道。」

這時，只聽迦葉尊者向一群宮女們說：

「若要成就這種無上正等正覺，可說相當困難的。女身是不能成佛的。」

公主和宮女們說：

「如果意志堅定，行爲清淨，身爲菩薩要成佛並不難，只要發心求悟，那麼，成佛無異看見手掌一樣容易。若說女身不能開悟，那男身也一樣不能了。因爲發心開悟沒有男女之分。同理，眼識、耳識、鼻識、舌識。身識和意識也一樣不分男女。」

她們和迦葉尊者反覆問答，最後才使迦葉尊者嘆說：

「看到她們如此能言善道，不久就會成就無上正等正覺了。」

這時，大庭廣衆中有天、龍、鬼神衆等也暗忖：

「這位寶錦公主有一天終究會開悟吧？」

佛洞悉大家心中的想法，便開口說道：

「這位寶錦公主在三百劫以後會成佛。」

同時，佛也預言她以後的佛名、世界名和劫名。必須注意的是，這裡沒有提到「變成男子」的事。

勝鬘夫人成佛

同樣地，下列經典提及女人即身成佛的事：

㈡『勝鬘師子吼一乘大方便方廣經』宋　求那跋陀羅譯（四三六）

㈢『大寶積經』卷百十九　「勝鬘夫人會」第四十八　唐　菩提流支譯（七〇六—七一三）

雖然，同一部經典有不同譯本，不過，㈡的第一章「如來眞實義功德章」相當於㈢部經的某處對勝鬘夫人提到成佛的預言。

這部經典的主角叫做勝鬘夫人Śrimālā－devi她是憍薩羅國波斯匿王與末利夫人生的女兒，下嫁給阿踰闍的友稱王。她天生聰明，思想敏銳、見多識廣，當她看到父母讚嘆佛的眞實功德，便馬上讚賞如來的德行。佛預言這位勝鬘夫人由於讚賞如來的眞實功德而累積下善根，又曾經供養過無量無數的諸佛世尊，那麼，她將在二萬阿僧祇劫以後會成佛，那個佛國土上既無老衰病死，亦無諸惡道，其間所有衆生都有最好膚色，享有形形色色的快樂。

因此，勝鬘夫人立下十大誓願，攝受正法，將大乘佛教的惟一絕對眞理叫做獅子吼（說法），以上就是這部經典的主旨，而第一章叙述她成佛的預言，內容太過單純平凡，且將它設計爲這部經典的前提，力量十分薄弱。

這一點亦呈現在上述那部『海龍王經』的記載上，它談到女人即身成佛，就某方面來說，在輕視女人這種傳統的社會感覺中，無疑在探討一種革新意見，可惜太過單純枯燥，難免被人指摘有氣無力的樣子。甚至其間連「一切諸法沒有男女差別」這種主張的隻言片語也沒有，反之，這句話倒是經常出現在若干部探討變成男子的經典裡。由此看來，紀元三世紀後半期，竺法護首先執筆漢譯經典，尤其被包括在『大寶積經』中若干部經典，主旨都在探討變成男子說。但在大乘佛教裡，難道變成男子說是女性問題方面的一種主要解決方法嗎？

日本日蓮上人在『開目抄』一書裡說：

龍女成佛，不只出在這一個人，而在表示一切女人都能成佛……龍女成佛，應該算是落實末代女人成佛往生的道路。

又親鸞上在『淨土和讚』上記載：

若懂得彌陀的大悲，就呈現佛智不可思議。

立下變成男子的願望，來落實女人成佛。

尤其在日本，我認爲「變成男子」說才眞正是傳承有關女人成佛的正統思想。但在上述變成男子說的記載中，發現「一切諸法沒有男女區別」，才是眞正大乘佛教菩薩思想的當然歸結。因此，我們看出最先引用『大般涅槃經』卷三十六記載「一切衆生、悉有佛性」，才是眞正通達中國所謂草木成佛，非情成佛那種大乘佛教的核心思想。由此可見，變成男子說在爲數不少的佛經上出現，而它在大乘佛教以女人成佛的角色被拿出來討論，看來應該有些特異的樣子。在此，我們必須稍微思考一下變成男子說的背景。

六、變成男子說的背景

提婆達多教團與變成男子

由上面引用的漢譯經典，發現許多變成男子的討論經典，都出自竺法護的譯作。由此可見他活躍在比三世紀後半更早期以前，印度佛教界流行變成男子說，設計形形色色的情狀來討論這種觀念。但同時也發現女人可以接受預言，即女身照樣能夠成佛，也就是女人即身成佛說，也存在竺法護所譯『海龍王經』裡，甚至早在三世紀後半以前，就流行於印度佛教界了。

由此看來，變成男子與轉女身之說，跟女人即身成佛說是並駕齊驅，同時並行。不妨說，我們不以為任何一方是從對方開展出來的。換句話說，兩者都有自己的起源。果眞如此，那麼，以大乘佛教宗教思想的身份，而採取特異立場的變成男子說，到底起源於何處呢？倒是値得探索的問題。

筆者不妨先提示一下自己所設定的結論。那就是說，變成男子說是從提婆達多教團裡發展出來的思想。筆者好幾次提過提婆達多了，他希望佛教教團的戒律要嚴格，佛陀年老時期，教團已經龐大得容納不下成員了。結果，他不得不脫離佛陀的教團。這種行爲看在正統派的教團成員眼裡，無異是破壞僧伽的大罪犯，從那以後，他成了惡名昭彰，大逆不道之徒。只有『法華經』提到佛把提婆達多當作「好朋友」，甚至預言佛陀將來會成佛。

北傳諸種傳承都把他當作罪大惡極之徒，而這跟『法華經』所說的提婆達多不一樣，所以，沒有資料顯示『法華經』教團與提婆達多接近，其間狀況一無所知，這一點必須要注意。在『法華經』裡，龍女變成男子的故事，緊接在提婆達多的記載之後，我想，這個顯示這則故事跟提婆達多的教團有直接關係。

佛陀的教團承認尼僧存在。佛陀圓寂後，教團成員之間紛紛發出反省的聲音，到底僧尼可否存在教團裡呢？這一點可從大家對阿難的指責中發現，而提婆達多的教團一向主張戒律要嚴格，故他們不承認尼僧存在。這段事實曾被後人腳色化和說話化起來，而成爲『破僧事』的內容之一。

原來，佛陀的比丘尼教團裡有一位神通第一，極爲優秀的蓮華色比丘尼Uppalavaṇṇā Theri 在王宮前遭到提婆達多殺害。這件慘案不僅表示提婆達多否定尼僧存在，甚至否定女人本身的宗教價值。那就是說：在當時印度社會的觀念作祟之下，不斷要求戒律嚴格化，以至不認同女人會成佛，我想，便從此引出變成男子說了。誠如上述，現在耆那教的德幹巴拉派採取男尊女卑的立場，僵硬地相信女人若不投胎轉世為男人，就無法達到解脫。

但是，這種事表示印度的女性觀跟它的背景長年間牢不可破，且深受他們的信奉，而提婆達多的教團很巧妙地從此導出變成男子說，躲開它的尖銳部份。但在另一方面，大乘佛教徒卻倡導「一切衆生悉有佛性」，同時，以印度社會的方便法技巧來設定各種情況，而利用了轉女身與變成男子說。換句話說，正因為有這種事情，才在變成男子的敍述中，經常放出男女沒有差別的話。

這樣一來，在大乘佛經裡，明確談論女性觀者，僅有『法華經』的女人五障說，跟這個相同的論調出現在『中阿含經』及『五分律』。但五障（或五礙）中有四項為印度教的產物，只要想到這一點，就容易明白大乘佛教女性觀的背景下，不乏印度社會的女性觀，不知佛教徒有沒有意識到這一點？

不論如何，變成男子說本來不是大乘佛教的中心思想，就可以避開印度社會的非難攻擊，閃躲其尖銳的批判了。同時，我們也能明白佛教教團背後，被印度思想與習慣封閉了大部份的事實，而這一點是難逃後人的耳目。

第三章　密教的女性觀

一、『理趣經』的思想及其背景

『理趣經』與大樂思想

眞言密教平時誦讀一部著名的經典——『理趣經』，它肯定男女的愛欲，它將佛說的教法羅列起來，一開始就說：「男女結合的眞正恍惚境況，其實是菩薩境界。」接著，列舉種種男女愛情的動作，栩栩如生，並說這一切都是菩薩境界。爲什麼會這樣呢？他們說，菩薩是以宗教人格的身份，自動修行求悟（自利），同時也努力使別人開悟（利他），藉這種功德在未來漫長時間修行之後成佛。意指是自利與利他的存在者。因此，我們的『理趣經』就是把男女間的愛慾，及其相伴的一切行動，跟自利利他結合起來。

從十一世紀前半葉起到中葉，有一位密教學者名叫阿多瓦亞瓦玖拉（Advayavajra）表現非常活躍，他在著作『大樂的解脫』中斷然說道：

「**那些瑜伽行者處在兩根交會狀態，正在專心於利他。**」

其間，所謂「兩根交會」，意指男女做愛的字眼，而這不外說男女間的愛慾，及其伴隨而來的一切行爲，正是跟佛敎所謂自利、利他的思想結合起來的東西。

然而，這裡有一個譯語——「兩根交會」，其原文是Yuga－naddha，原意指「兩件東西的結合」。因此，這個字義指到達跟絕對者融合的境界，那就是說，把瑜伽在宗敎上看作一種絕對，在密敎裡特別受到重視，後來被看作密敎的重要術語，也在敎義方面被廣泛應用了。

但必須注意的是yuga－naddha這個字，不應該認爲這一方是從另一方開展出來的，而是兩者的綜合，並以這個術語的身份做新的用途，故宜持這種想法才對。總之，上述的內容不妨列成以下的圖式：

（肉體的）　兩根交會→性的快樂（大樂）
（精神的）　與絕對者的融合→解脫（大樂）
〉yuga-naddha

佛教學者把這種關係叫做「前者是後者的譬喻表現」。例如讀者不妨參閱栂尾祥雲著『理趣經研究』四三五頁以下內容。當然，這本書幾乎是半世紀前的東西，之後由於印度學的研究發展，致使許多現在佛教學者也許持不同的看法了。

不過，目睹最近一群學者的論作，幾乎看不到有人曾從寬闊的印度學觀點來看這個問題，這未免太可惜了，關於這一點，我要稍微解說於下。

性學

若要明白密教的大樂思想，就必須要追溯有關印度社會對性所抱持的神秘思想了。然而，若把這個問題分成兩方面來觀察，就比較容易明白。那就是第一，印度教徒所持的人生論立場；第二是性的崇拜方面。

先談第一方面，那是古印度時期一種性學（Kāmaśāstra）的開展。在印度，不難發現古代印度人依據人生觀，而對性開闢出一門獨立科學，這方面十分發達，曾有許多文獻留存下來。那就是古代印度人一輩子實行三種想法，亦即人生在世的努力目的，一是法（dharma）：實踐宗教的義務，二是利（artha）：獲得並擁有處世的技術和財產，三是性愛（Kāma）：性慾的滿足及其生活樂趣。

這三方面都有自己獨特的體系，且曾編有自己的論典，目的在指引人世的生活。這樣一來，他們就編述不少性學文獻，教授各種手段與方法，俾使世人怎樣在性方面得到最大的滿足？

首先有著名的華仔亞亞那（Vātsyāyana）那部『卡瑪經典』（Kāmasutra），它出現在公元三〇〇年前後。『卡瑪經典』第一編「總論」提到許多技巧，教人藉此渡過瀟脫的人生，並享受各種樂趣；之後在第二篇「性交」裡，詳細記載性愛技巧，從第三篇開始到第六篇，用這四篇來詳述怎樣結交處女，有夫之婦，人妻和蕩婦，並敘述她們的反應態度。在第七篇「秘法」裡，則敘述各種輔助方法，例如強精劑或吸引力的增進法等，靠這些可以達到上述的目的。

因爲這種趨勢之後一直持續下來，才編述不少性學文獻，其中最著名的是，十一世紀中葉有『愛神的五隻箭』（Pañcasāyaka）。十三世紀以前有『性的快樂秘密』（Ratirahasya），第十六世紀前後有『愛神的舞台』（Anaṅgaraṅga）等。

同時，在印度古典文學作品中，都是反覆讚美女性肉體的享樂，這種說法並不過分。這種事無異天地間最了不起的，甚至把它看作人生的究竟目的，意指人生在世就是爲了性愛享樂。甚至連無上嚴肅與謹愼的道德書籍也融合這種想法。上述

『愛神舞台』一書的作者卡利亞納瑪拉（Kalyānamalla）也曾極端表示：「活在這個無常陰影的籠罩下，有一項惟一眞實的東西，那就是跟女人做愛得來的快樂，勝過跟絕對者融合的喜悅。」

性的崇拜

其次是性的崇拜方面，早在紀元前二〇〇〇年，若追溯印度文明時，不難看到這方面的痕跡，在吠陀祭祀方面，大力開展官能與色情的象徵主義；尤其，後代的吠陀文獻，就把性交看作是神聖的祭祀，進行兩者間的密切比較。

那就是把女人身體看作一個神聖場所，她的腰部算是一個舉行祭祀的地面，陰阜部爲祭壇，陰毛譬喻爲庫夏草，此外，色情譬喻爲煙，插入譬喻爲神秘性詠唱，前戲是祭火的火花，動作是火熱，高潮爲燃起的火焰，精液譬喻爲供物。各種譬喻花樣百出，各盡其妙。

後代的印度教方面，性的神秘說極爲顯著，不論西華派的宗教文獻或威西由奴派也都有豐富的性愛幻想，在許多讚歌裡，不難看到非常明顯的官能性要素。同時，在他們的寺院、祠堂的雕刻方面，都呈現許多米特那（mithuna）像，公開展現男歡女愛那種赤裸裸的體態。

最有代表性的米特那像的傑作，莫過於柯那拉庫（Konarak）的太陽寺院，和卡休拉荷（Khajurāho）的肯達利亞＝瑪哈德歐（Kandāriya－Mahādeo）寺院，還有姆爾當（Multān）的太陽寺院也留存到今天，七世紀時，中國高僧唐玄奘訪問過此地，依據他的記載，那裡有非常露骨的感官的裎露像。

關於性的神秘說，它的哲學根據在所謂當多拉（Tantra）這種宗教文獻中說得極爲詳細，依據當多拉文獻記載，性交是自然活動，就跟其他自然的活動一樣，彷佛以秘密方法，將人類隱藏於宇宙的眞象暴露出來，其間含有某種超越經驗的秘密意義。這樣一來，性行爲被看作一種肉體與精神的救濟手段。

人類是透過性的享受才能得救，那就是指性交會帶來某種宗教性的成就，讓人到達梵天（Brahmā）的智慧。同時，他們認爲宇宙的形成與男女原始的性衝動之間，有非常密切的關係，性慾在維持宇宙的秩序。

在印度社會，女人生產（做月子）這種事，淵源於地母神的信仰，以致發展成爲女性的性力（sakti）的崇拜。結果，印度教的宗教儀式成了極端淫猥，甚至像輪坐禮拜（Cakrapujā）那種極端淫蕩的禮拜形式了。

由此可見，印度的土壤在耕耘性的神秘說，在印度社會不會把性看成一種忌諱。佛教被包容在這種社會背景中，尤其是民俗要素極強的密教，我們敢肯定地說，它不可能脫離印度教徒那種性的神秘說的影響。所以，『理趣經』成立的地盤，早就在佛教裡被開闢出來了。

二、女性崇拜

禮拜陰門的儀式

前節提到『理趣經』的背景建立在古印度一種性的神秘說上面，從禮拜女性的性力開始，而發展出一種淫蕩的禮拜形式。在這種禮拜中，最重要的是女性崇拜——把裸體女性與女性陰部當作禮拜及瞑想對象。這就是專心致力於性愛原理，透過這些來刺激男性的心靈中樞，並促進它的活動，才能到達最高的解脫，而這正是他們相信不疑的事。輪坐崇拜乃是其中一項表態。

每逢這種祭祀場合，就要特別選出代表的女人，由印度教的教師來教導，藉著某種特定祭式，來把她當做女性性力的權化。擺出肉與酒等祭品，把酒往上噴灑，用各種方法做禮拜。我姑且舉出一項最極端的例子，讓這個女人張開大腿坐在祭壇上，好讓人看到她那神聖的象徵——陰部。主祭官要去吻它，用陰戶形狀的器具裝滿食物和神酒來供祭。接著，又用這些供祭品摸觸赤裸裸的陰戶，稍微清洗一番，之後將供祭品分贈給會場參與者，他們也紛紛吃下這些食物。

被挑選出來的女人算是一種榮譽，有時會選出年輕、美貌和有身份的女人，但經常也會因爲她的醜陋，或惡名昭彰而被挑選出來，這種例子屢見不鮮。

事實上，在當多拉儀式上，那些墮落的女人，例如妓女反而經常扮演主要的角色。有時候，那些身份最低級的洗衣女性如當妣（dombi）她們完全跟美貌、出生、社會地位，或世俗快樂無緣，僅就絕對性意義來說，她代表一種活潑的陰戶化身，會格外受歡迎，事實上，這種女人反而常常入選……

他們相信用裸體女人來進行這種崇拜時，能夠發揮非常巨大的心靈威能。而這叫做處女崇拜（Kumāri－pūjā）。在這種場合入選的處女，都是初次月經以前的少女。這種祭式大約持續一週左右，其間，男人會像傭人一樣照顧這位少女，讓她洗清水澡，替她穿衣服，同房就寢，開始睡在少女的腳底下，接著在她旁邊陪著睡，並且抱擁著她，但不許做愛。現在尼泊爾還能看見這種名存實亡的處女崇拜的習俗。

除了這種沒有性交而「被封閉」的女性崇拜以外，還有許多秘密的祭式。例如鼎鼎大名的輪坐禮拜便是其中之一。

數目相等的男女在半夜秘密會合，男人讓女人坐在左側，中央放一個陰戶形的女神像，雙方在周圍輪坐著，而這含有「車輪」之意，且以它爲名字，一面唱呪文、一面猛喝酒（madya），也在吃肉（māṁsa）與魚（matya），同時一邊抓著油炸穀物（mudra），男女一邊在做愛（maithuna），用這種行法對神表示最高的奉仕，據他們說，只有透過這種奉仕才能得到宗教性的神秘力量。

雖然，印度教夏庫塔派的當多拉上提到以上的內容，密教經典也明確記述女性崇拜的狀況，但是，至今筆者尙未拜讀過。因爲佛教將一切術語、行法加以神秘化和象徵化，所以，光看表面的呈現實在很難掌握它的實態。僅就這個意義而言，後期的密教經典『Hevajra－tantra』含有濃厚的印度教的特性。若斟酌初期印度密教的流向，站在眞言密教方面而言，儘管平時誦讀「大樂」術語所用的『理趣經』，殊不知性在印度的神秘說裡，完全用象徵方式表現出來。

在尼泊爾和西藏可以看到佛教若干女性崇拜的遺跡或餘滓。例如，到處可見石板上雕刻些銅製的迴轉法具，喇嘛教裡最通常的呪文，即稱呼文句——唵．嘛尼配美風。雖然，這在宗教上解作「蓮華中的摩尼寶珠」，其實，原來所謂唵．具有摩尼（陰核）的陰戶呀、風。可見這是女性崇拜的呪文。因爲這種話很淫猥齷齪，我要省掉解說。

不論如何，我們必須知道佛教是從印度教裡生出來的，難免在它的影響下呈現形形色色的樣子。

當然，佛教的女性觀也不例外，而後人千萬不能忽視這種事實才對。

後編　佛典呈現的女性

第一章 佛典呈現的女性群像

比丘尼與優婆夷

佛經上果眞出現幾位女性嗎？我不知道。佛教教團裡常有「四衆」之稱，而其中列舉兩類女性是比丘尼與優婆夷。前者指出家的女性，而後者指在家的女信徒。那麼，『長老尼偈』（Theri－Gāthā）裡列舉七十一位女尼，還有『增壹阿含經』卷三「淸信女品」則列舉三十位優婆夷。

在後者三十位優婆夷中，發現有位架空的人物，叫做脩摩迦提須達女（Sumāgadā），她是給孤獨長者（Anāthapiṇḍada）的女兒，但在佛經裡不乏這一類譬喩談的主角，她是創作出來的一位虔誠而有德行的女性。

『佛教女性觀』引用的各種經典的主角，大概都是這一類架空的人物。在此，可以姑且不問她們是實際人物或架空人物，我只想從佛經那麼多女性群像中挑選出幾位，一方面探討這群人物形象，另一方面打算深究佛教教團史的意義，及其背景等問題。從此不但可以窺視佛教女性觀的一端，也同時能發現佛教文化史的斷面。

首先，我要提到佛祖的母親、姨媽和佛陀出家前的妻子。

一、佛陀身邊的女性們

佛陀的母親

關於佛陀的母親，至今爲止諸部經典所傳述的都一樣，她名叫摩耶(Māyā)夫人。漢譯經上說，他是天指城王善覺（Suprabuddha）的女兒。反之，依照錫蘭『大史』（Mahāvaṁsa）記載，摩耶夫人是德瓦達哈城釋迦族（Sāhiya）安家那王（Añjana）的女兒，即斯帕普達（Suppabuddha）的妹妹。還有梵文傳承文學之『瑪哈瓦斯特』（Mahāvastu）記載，摩耶夫人是德瓦達哈城釋迦族一位斯普德王（Subhūti）的女兒。由此可見，關於摩耶夫人的父親的名字，見諸各類記載都很混亂，只有出身地點在德瓦達哈城這一部份是統一的。

不過，這個城市的確實位置在哪裡？則毫不知情。在漢譯裡，到底把德瓦達哈城的名稱譯作天指，還是天臂呢？這些譯名根據也一無所悉。在巴利文傳承方面，因爲daha這個字，屬於「湖」的意思，所以，那是國王去哪裡遊玩才有這種稱呼？或有其他解釋呢？答案是毫無線索可尋，到今天仍然是這個結論。

還有各種記載都一致認定佛陀的母親摩耶夫人，在佛陀誕生後不久就逝世了。之後，由父親淨飯王（Śuddhodana）續娶的妃子，也是摩耶夫人的妹妹，名叫波闍波提（Mahāpajāpati 梵文名叫 Mahāprajāpati）把佛陀扶養長大。又由於摩耶夫人是佛陀的親生母親，所以被世人稱爲「偉大的摩耶夫人」（Mahāmāyā）。還有另外傳說摩耶跟偉大的摩耶是不同人物。甚至說是姐妹，但這都是後代人所說，不能當作問題來看。

不過，這裡倒有一個問題值得思考，依據佛經記載，摩耶常常被人稱爲德威（deui）。但是deva 在梵文文獻屬於臣子對國王的稱呼，至於女性形態的deui 卻意味國王後宮的女性，即使是「國王的妃妾」，但不算是「皇后」。漢譯常常在摩耶之後加上「夫人」，她縱使是一位妃子，卻也沒有皇后的意味。

然而，佛陀的後母即是自己的姨媽波闍波提這個名字，其實是「皇后」意味的普通名詞，摩訶波闍波提是個專有名詞，而不是人名。之後，這位女性就是各種傳說一致認同的喬達米（Gotami）。喬達米是古印度時代許多女人的名字。所以，摩訶波闍波提喬達米即是「喬達米皇后」之意。

不過，從此又衍生一個問題出來了。那就是佛陀名叫喬達摩（Gotama）這個名字一直留傳下來。依據巴利文各種資料記載。二十五佛的最後一位，即是喬達摩佛（Gotama Buoddha），又因爲經典上經常稱呼佛陀爲喬達摩，現在，佛學界就以喬達摩來稱呼佛陀的氏族，其實，當時採用氏族名者，只有婆羅門種姓者而已，因爲那是當時人的稱呼方式，所以，喬達摩不是佛陀的氏族名稱，而是實際名稱。果眞如此，不禁讓人懷疑，因爲他是喬達米皇后（喬達米是喬達摩的女性形）的兒子，才被人叫做喬達摩嗎？

如再將這個推測向前邁進一步，那麼，大家一致認同的佛陀的母親摩耶夫人將會怎麼樣的呢？摩耶這個字，若當作普通名詞時，便有「幻」的意思，摩耶這個女人名字，在古印度其他地方無所知悉。

由此看來，不禁讓人疑心——難道這個名字是後世佛陀傳記作者創作出來的嗎？甚至有人懷疑佛陀出生後七天，摩耶夫人就離開人世，彷彿「幻夢」一般，這樣不就能強調佛陀生涯充滿悲劇性，而帶著一種文學性質的香氣嗎？

不過，我們恐怕無法否定摩耶這位女性的存在吧！在這種情況下，誠如上述摩耶常常被人稱deui的事實，就值得注意了。那就是佛陀的親生母親——名叫摩耶的女人是一位實際存在的人物，亦是後宮的女性，且深受淨飯王的寵愛而生下佛陀，才被人稱作deui，以致在佛陀傳裡給她一項地位——喬達米皇后的姐姐，事實豈非這樣嗎？換句話說，佛陀是個庶子，以喬達米皇后之子的身份，才得到喬達摩這個名字。同時，之後喬達米皇后自己生下一個兒子叫做難陀（Nanda），喬達摩太子爲了讓出王位給他，才跑去出家，而這種事情也非不可能發生的……。

姨媽摩訶波闍波提

摩訶波闍波提喬達米即是喬達米皇后，她是摩耶夫人的妹妹，夫人死後由她扶養佛陀長大，她與淨飯王之間生下一個兒子名叫難陀，和一個取名難陀的女兒，而這兩點是各種傳述都能認同的地方，至於她在皇后時代的事蹟，倒沒有別的資料傳述。她在淨飯王死後出家了，同時創辦女尼教團，而這段傳述在佛教教團史上實在非常重要，這一點是不得不說的大事。

當淨飯王逝世的時候，佛陀正在威莎利（Vesāli 梵文叫做 Vaiśāli，位於現在 Gandak 河左岸的 Basarh）。當喬達米皇后下決心出家時，一直等待佛陀的允諾，果然等到了機會。當時有一條洛希尼（Rohini）河由於水利權問題，頓使莎基族與柯利亞族（Koliya）之間起了爭執，佛陀爲了調解他們的糾紛，就匆匆回到祖國迦毘羅衛城（Kapilavatthu 梵文叫做 Kapilavasthu）。

當這件糾紛結束時，莎基族有五百人隨從佛陀出家了。他們的妻子在喬達米皇后率領下，一起來拜訪佛陀，央求佛陀准許她們出家爲女尼，不料，佛陀當場拒絕了。接著，佛陀返回維莎利去。

不過，喬達米皇后和一群女伴並不氣餒，反而自動剃了頭髮，披上黃衣，跟著佛陀走到維莎利去。她們帶著受傷的腳，走向佛陀駐錫的精舍，再三提出了央求。佛陀再次拒絕她們，幸虧侍候佛陀的阿難尊者（Ānanda）從旁勸解，才好不容易讓佛陀提出八項嚴苛的條件，她們表示願意奉行，佛陀終於允許她們的苦苦哀求。

當喬達米皇后證到阿羅漢果位時，佛陀就在玖塔瓦那（Jetavana）女尼會上，宣稱她爲「法臘第一」（aggaṁ rattaññūnaṁ）。但是，她好像不久以後就死在維莎利了。我想，佛陀對喬達米皇后懷著非常敬愛的心，因爲有下則軼事留傳下來。

當她卧病在床時，依照戒律規定，不允許任何比丘來問候她，佛陀特地爲了這一點而修改有關戒律，親自來探訪她，也向她講解教法。

佛陀出家以前娶妻生下一個兒子名叫羅睺羅（Rāhula），他後來出家做長老，被稱作「學戒第一」（Aggaṁ Sikkhākāmānam）。依據北傳習慣，這位妻子叫耶輸陀羅（Yaśodharā），但南傳佛教叫他爲「羅睺羅之母」（Rāhulamātā），此外，還有許多傳述都錯縱複雜，至於眞情實狀如何？則很難拿捏。但世人爲喬達米皇后出家以後才成爲女尼，而這一點是不能否認的事實。

二、虔誠的女信徒——毗舍佉

毗舍佉及其家屬

在南傳資料被嚴重封鎖的優婆夷記載裡，有一位女人名叫毗舍佉（Visākhā）。依照佛經記載，她的家庭環境遠近皆知，不論男女都無出其右，她非常令人注目。

毗舍佉出生於安佳Aṅga（現金比哈魯州東部Bhagalpur 一帶的地方）的巴特亞

(Bhaddiya)市，父親名叫達南加亞(Dhananjaya)。祖父緬達多(Merdaka)，世代都是富商家族。毗舍佉七歲時，佛陀走訪巴特亞市，緬達加讓毗舍佉率領五百名侍女，和五百名奴隸，分別搭乘五百輛車子，一起去佛陀的精舍。她遠遠就下了車，走路到佛陀身邊聆聽教法。之後，一連十四個夜晚，緬達加每天都邀請佛陀和隨從的僧衆到自家來供養和款待。

後來，得到憍薩羅（Kosala）國的波斯匿王（Pasenadi）的邀請，摩揭陀（Magadha）國的頻婆娑羅王（Bimbisāra）讓達南加亞遷到憍薩羅國去。當然，毗舍佉也跟著父母前往憍薩羅國，定居在薩肯塔Sāketa市。

依我看，達南加亞一家人從摩揭國的領地，接受國王邀請而搬到憍薩羅國去，恐怕是基於憍薩羅國內某種經濟振興政策所致使，這是當時古代專制國家內部發生的事實，當然值得注意。

當她年長的時候，有一天，憍薩羅國的首都舍衛城（Sāvatthi），有一位富商名叫米加拉（Migāra），他有個兒子叫做彭南瓦達那（Phṇnavaddhana）派人前往薩肯塔市去打聽有沒有適合的姑娘。這一行使者在祭祀那天，在湖邊碰見正從水浴走出來的毗舍佉姑娘，剛巧此時大雨傾盆，她的女伴們走去找避雨的住處，只剩下她跟往常一樣，不慌不忙地走著。使者們目睹她這個樣子，有一個人便忍不住問她爲什麼不會驚慌跑走呢？只聽她答說：

「我家裡衣服太多了，被淋濕也沒有關係呀！何況跑步轉動而傷害到手腳的話，損失可就大啦，所謂未婚姑娘，就像一堆待售的商品一樣，應該保持完美才好哩！」

使者們送她一朵花束mālāgulam，她也視爲求婚的意思而毅然收了下來。使者們隨同她到了達南加亞的家裡，代表彭南瓦達那向家長求婚。對方家長允諾了，透過信件的交換來表示確認。憍薩羅國的波斯匿王乍聞這則消息，爲了向米加拉一家和達南加亞一家表示特別的恩寵，就跟彭南瓦達那一起去薩肯塔市了。達南加亞親自歡迎國王及其隨從，米加拉和彭南瓦達那以及一大群隨從人員，一切準備都很週到，達南加亞竭盡所能來款待他們，並且說服國王在雨季期間能留宿在自己家裡，而毗舍佉會趁此機會獨自料理一切家事。

這時候，她召集五百名裝飾人員，爲了出嫁而打造一連串寶玉寶環，忙了三個月也尚未完工，其間來不及加薪，甚至訂購木材來裝修荒蕪的家產。然而，這種木材只能持續十四天，打開紡織品的小倉庫，將紡織品泡在油裡，用來煮食物。諸如大蔓草這種裝飾品竟然費時四個月才大功告成。此外，達南加亞也讓人備妥女兒的各種嫁妝，數量和類別多得筆紙寫不完。例如黃金、銀、絲織品、乳酪和米穀等，分別裝滿五百輛車子裡……。

在毗舍佉出發前一晚，父親達南加亞給女兒十項訓示。身爲公公的米加拉長者偶而來隔壁房間走動，也聽到這位父親給女兒的教示內容，只聽父親給行將出嫁的女兒說：

「女兒呵！你在公婆家裡要做到下列的幾件事：

㈠　別把家裡的火拿出戶外。

㈡　別將戶外的火拿進屋裡來。

㈢　向誰借東西就該送還給誰。

㈣　借東西不還人家則什麼東西也別給他。

㈤　貧窮的親屬或朋友，還不還東西另當別論，不妨給他們東西，幫幫他們的忙。

㈥　幸福地坐下來（在公婆和夫婿面前，要常常站著應對）。

㈦　幸福地吃喝（新娘在公婆和夫婿面前不准吃喝東西）。

㈧ 幸福地睡眠（新娘不要比公婆和夫婿先就寢）。

㈨ 好好照顧火事（新娘要把公婆和夫婿看成火焰）。

㈩ 祭祀家中諸神（新娘要把公婆和夫婿看成神）。

第二天，達南加亞請舍衛城八位長者充當身份保證人（Kutumbin），拜託他們好好關照女兒，萬一女兒發生什麼問題，請他們幫忙處理。當毗舍佉要離去時，達南加亞准許自己管轄的十四個村莊的佃戶們，也不妨同女兒隨行。這一來，每個村莊都不見人影了。然而，米加拉反而擔心自己必須供養這一大群人，於是，不得不把他們統統趕回去。當毗舍佉進了舍衛城時，因爲在車上起立，人人都爭睹她的美貌，且深表讚嘆，只見市民將歡迎的禮品紛紛投給她，多得像雨點一樣密集，而她卻將這些東西分送給大家同享。

毗舍佉捐贈僧院

米加拉是耆那教（Niganṭha）的信徒。當毗舍佉抵達他們家時，耆那教徒派使者來招呼，也命令使者侍候新娘。不料，毗舍佉很嫌惡那群赤身裸體的耆那教徒，拒絕他們來招呼。雖然，耆那教徒威脅說要把新娘趕走，米加拉乞求大家給自己一段時間考慮。

有一天，米加拉正在吃飯，而毗舍佉站在旁邊給公公搖扇子，忽見門外有一位僧人站著。毗舍佉為了讓公公米加拉注意那位僧人，就閃在一邊了。然而，米加拉沒去注意那位僧人，自己依然繼續用餐。毗舍佉無奈之餘，只好告訴那位僧人說道：

「公公在吃餿掉的飯。」

米加拉一聽勃然大怒，便想把毗舍佉放逐家門。於是，他把這件事交給身份保證人去處理了。那幾位保證人質問她該負何罪？經過幾次檢討後，終於判定她沒犯什麼罪。結果毗舍佉準備回娘家去。這一來，米加拉反而向她謝罪，而她也提出一項條件交換，就是要求米加拉邀請佛陀和佛弟子來家裡供養，米加拉答應了，並且照辦不誤。

但是，米加拉自己信奉耆那教，就叫毗舍佉負責招待佛陀一行人，自己只同意吃完飯後，站在窗簾後面聽佛陀說法。不料，佛陀說法完畢，他卻證得預流果（Sota－āpanna）了。米加拉對毗舍佉深表謝意，且像對待自己的母親一樣敬愛她。據說後來毗舍佉被稱為「米加拉之母」（Migāramātā）。

毗舍佉每天招待五百位僧衆來供養。下午，她訪問佛陀，聆聽佛法，之後巡視僧院，向女尼們打聽她們每天需要什麼東西用嗎？有求必應，歡喜提供。毗舍佉向佛陀央求八項特別許可，結果得到允諾了。八項內容是：

(一) 贈予教團成員雨季的用衣。
(二) 提供食物給那些來訪舍衛城的僧衆。
(三) 離開舍衛城的僧衆也能接受她的飲食供養。
(四) 給臥病在床的僧衆提供飲食。
(五) 給看病的僧衆提供飲食。
(六) 布施藥品給病僧。
(七) 常常提供米粥。
(八) 贈水浴用的衣服給女尼。

結果，毗舍佉被稱爲「布施者第一」（aggam dāyikānaṁ）。但是，她對佛陀教團的最大捐助，無疑是替他們建造一座僧院Pubbārāma（位在舍衛城東部城外的林園裡），關於這座建築的經過也有下列一則軼事。

有一天，毗舍佉無法給那家僧院——聆聽佛陀教法——取名，便走向祇園精舍，之後探訪病僧的病情。當她進入講堂前，便將自己頭上掛戴的寶環大蔓草取下來交給侍女，而侍女將它放在講堂忘了帶回來。阿難尊者發現後，就將它掛在階梯旁邊了。後來，毗舍佉聽到此事，便認爲上座手上碰過的東西，跟捐贈出去的東西一樣意思，便有意賣掉它，她打聽售價以便捐給教團。

經專人估價之後說，相當於九億元金價。無奈卻沒有人買得起這樣高價位的東西。毗舍佉只好自己將它買下來，而這筆錢經由佛陀的暗示，就乾脆拿出來造了一座僧院，結果地價花掉九億元，建築費也花了九億元。這座僧院的建造由目連尊者（Moggallāna）擔任監工（navakammika），費時九個月才完工。這座僧院正是東園精舍（Pubbārāma－vihāra）。它跟舍衛城西南邊那座祇園精舍（Jetavanarama－vihara）並存。

據說佛陀晚期二十五年駐錫舍衛城時，好像白天在這邊逗留，夜晚到那邊住宿，一直往還在東園精舍與祇園精舍之間。

關於毗舍佉的傳述，巴利語文獻屢見不鮮。以上述Dhammapada－atthakathā的記載爲主，而歸納成若干資料。比較晚期的資料亦不少，說話結構的痕跡很明顯，因此，不乏誇張的敘述和潤色的痕跡，還有些古印度社會的風俗習慣，算是一種滿有趣的記錄。北傳記載也有若干文獻可以看見她的名字，但是以毗舍佉鹿子母，或毘舍佉無畏羅母等名字出現，只不過記載她的若干布施情形而已。

三、鬼女——訶利底

鬼子母神的傳說

某年，佛陀住在王舍城（Rājagrha）的竹林園（Venuvana）。那時，該城內有一座山旁邊，住著一位藥叉神（yaksa），名叫娑多（Sāta）……。娑多神從本族類中挑選一個妻子同居。當時，北方有一個健陀羅（Gandhāra）國，那裡也有一個藥叉名叫半遮羅（Pañcāla）。當時，那位藥叉也從同類中娶妻同居。後來，各地的藥叉一齊相聚，而這兩個藥叉互相表示愛慕，便結交爲親友。

他們此後時相往來，互訴仰慕，也不斷聚會，彼此談論甚歡……娑多說：「現在我們不妨指腹爲婚，讓我們結爲親家，倘若生下男女，就讓他們結成夫妻。」對方回答說：「應該如此。」不久，娑多的妻子終於懷孕了，月滿生下一個女嬰，容貌端莊，見到她的人無不喜愛……就給她取名字爲歡喜（Nandini）。

那時，半遮羅聽說他們生下女兒……便祈求自己將來生下男嬰。不久，妻子懷孕，十月期滿果然生下男孩……給他取名爲半支迦（Pāñcika）……雙方家庭都期待兒女趕快成長，以便早日成婚……到了王舍城後，終於結成夫婦，回到祖國去住了。……

後來，半支迦和歡喜這對夫婦生下一個兒子，接著一連生下五百個兒子，其中最小一個兒子名叫愛兒。當時，他們家裡有五百個兒子，聲勢浩大。母親自恃強壯，就一直隨心所欲，胡作非爲，丈夫屢次勸諫她，她都聽不進去。丈夫深知她的心意，只好默默不語，隨她去做了。於是，歡喜便在王舍城到處肆虐，將居民生下的男女孩童都一個一個抓來吃掉……居民們憂慮苦惱，無計可施。那時，一位王舍城的守護神，便趁居民們熟睡做夢中告訴大家說：

「你們家裡的男孩女孩，全都被一個歡喜女藥叉抓去吃掉了，你們必須去參訪世尊，只有他才能調伏藥叉，解除大家一切災難苦楚。」

居民們問守護神說道：

「既然她把我們的男孩、女孩都抓來吃掉，無異惡賊藥叉戈，而爲什麼名叫歡喜呢？」

大家因此都叫她為訶利底（Hāriti）藥叉女。王舍城的居民不久紛紛到佛陀的精舍拜訪，並向佛腳頂禮，稟告世尊說道：

「這個訶利底藥叉女住在王舍城人群聚集的地方，經常利用夜晚胡作非為……將我們所生的男孩、女童統統捉去吞食。敬祈世尊同情和憐憫我們，將她調伏下來。」

世尊默然接受了，居民們知悉佛的慈悲後，便向佛的雙腳頂禮後離去。

第二天清晨，佛披衣托著鉢，進城去乞食。挨家挨戶行乞，再返回原地。待他吃完了飯，馬上前往訶利底藥叉的住處。這時，藥叉女出去不在家，只留下最小那個愛兒在家裡，世尊便將愛兒裝進鐵鉢裡蓋起來。如來用威力讓那一大群哥哥看不到弟弟，而弟弟也看不到哥哥們。

不久，藥叉女回到家裡，不見愛兒，立刻大為驚慌，且在附近再三找尋……找不著時，忍不住捶胸哀號、淚水直流，直到口乾舌燥，精神錯亂。她在痛心疾首、情不自禁之餘，前往王舍城走遍大街小巷，馬路交叉口，甚至找遍園林，池沼、天廟、神堂，客舍等處，都不見愛兒的蹤影。這一來，她更加哀痛，如醉如狂，連身上的衣服也脫掉，大聲哭叫起來……終於走出城外，到四邊村莊去找尋了。

結果在各大村落去也沒有找到，於是，她到四海和四方去，也大失所望，看不到愛兒。她披頭散髮、赤身露體，輾轉到各地……這樣持續下去。終於到瞻部洲（Jambuhvipa）……等活（Saṁjiva）……地獄去，結果找遍十六個大地獄也一無所獲。之後，她去妙高山……多聞天（Vaisramana）等處。只見她將身體猛撞大石頭，雙腳猛跺地面，悲泣哭號，向大將軍懇求說：

「我的小孩愛兒被人拐走了，不知現在何處呀？請讓我找回來吧！」

多聞天回答說：

「姐妹呵！你不必這樣憂愁和瘋狂，你不妨暫時冷靜想一下，白天不在家的時候，有沒有誰來過你家裡嗎？」

「附近只有沙門喬達摩（Gotama）住著。」

「果眞如此，你就應該去世尊的住處，請他幫你找回愛兒呀！」

藥叉女一聽此話，忍不住歡喜異常，彷佛死裡復生，匆匆回到原地，遠遠望著世尊，心生仰慕，一切煩惱都消失了，如同得到兒子一樣。於是，她來到佛住的地方，向佛腳頂禮，之後退在一邊坐下，同時向世尊說道：

「我跟小孩愛兒離別了很久，請你讓我看到他好嗎？」

佛問訶利底藥叉女說道：「你有幾個兒子呢？」

「我有五百個兒子。」藥叉女回答說。

佛又告訴訶利底說道：「五百個兒子裡才失掉一個兒子，有什麼好苦惱呢？」

「世尊！倘若我今天不見愛兒，一定會吐血死掉。」

佛又說：「五百個兒子裡失掉一個兒子，尚且痛苦到這種程度，而別人只有一個兒子就被你偷去吃掉，這種苦惱怎麼說呢？」

「這種苦痛比我多出好多倍哩！」

佛又對她說：「你既然知曉愛別離苦，那還要偷吃別人的男童女童嗎？」

「請世尊訓誨我吧！」

佛對訶利底說：「你必須接受我的戒條，給現在王舍城百姓施予無畏，只要能夠這樣，就不要離座，也可以看見你的愛兒。」

「世尊！我從今以後要皈依佛教，施無畏給所有王舍城的老百姓。」

當她說完話後，佛就讓她得到了愛兒。這時，訶利底皈依如來，接受禁戒。城裡老百姓皆能得到安樂，脫離各種苦惱。於是，訶利底母……進一步向佛稟告：

「我和一大群兒子從今以後要去哪兒吃東西呢？」

佛說：「你不必擔心，瞻部洲有許多聲聞弟子，他們每次吃飯時，必定鉢盆裡裝滿食物，當叫出你們的名字時，就可以前來吃食，永遠不會受到飢餓之苦。」

以上這段內容是唐朝義淨（六五三—七一三）譯作：『根本說一切有部毘奈耶雜事』卷三十一記載的精選，訶利底（Hāriti），即是有關鬼子母神傳說最詳盡的出處。

且說王舍城一個藥叉叫娑多，生下一個女兒取名爲歡喜，她下嫁父親的朋友半遮羅藥叉的兒子——半支迦爲妻，婚後生了五百個兒子，但是，歡喜藥叉仍然偷吃王舍城的男女兒童，被人叫做「青綠色之女」令全城百姓不寒而慄。但是，佛大顯神通將她最疼愛的兒子隱藏起來，迫使她從悲痛體驗中開悟，以至改邪歸正，而這就是整篇記載的概要。上述尾端記載世尊給她的承諾是：

「**每於食次出衆生食。並於行末設食一盤。呼汝名字並諸兒子。皆令飲食永無飢苦。**」

事實上，義淨時代（七世紀後半）在印度教團所盛行的狀況，據後來人所知，記述於義淨那本『南海寄歸內法傳』卷一（九）「受齋規則」裡，內容如下：

「大衆開始進行時，安放聖僧的供品，其後才開始吃食，供奉僧衆。進行結束放食一盤，藉此供奉呵利底母（Hāriti）。」

在『南海寄歸內法傳』裡，緊接在這段記載後面，概要性提到上述內容，之後記載訶利底以鬼子母的身份接受世人的祭奉，詳情如下。

「西方諸寺常常在門屋處，或在食廚旁邊，放著一幅線條畫成的母親抱子的畫像。在她的膝下放有三、五幅畫像。每天在她面前供食，裝得很滿。這個母親是四天皇之衆，聲勢強大，凡生病或沒有兒媳者，若肯供奉食物，最後都能如願得償……神州從早以來就叫她爲鬼子母。」

大意說：以前有一個訶利底偷吃世人的孩子，她自己生育五百個兒子，從這裡提示她能使人生育子孫，所以受人祭祀。事實上，比義淨稍早以前，也就是七世紀前半，唐玄奘經由印度西北部（六〇二—六六四），他在『大唐西域記』卷二健陀羅國那一條也有以下記錄。

渡過大河（信度河，即現今恆河），來到布色羯邏伐底城（Puṣkaravati 現今 Hasht－Nagar）。該城以北四五里，有舊伽藍……伽藍旁邊有窣堵波……東去不遠有兩處石造的窣堵波……向西北走五十餘里有窣堵波。這裡是釋迦如來渡化鬼子母的地方，讓她不再去害人。所以，該國習俗用祭祀，祈求自己得有子嗣。

現在，從Hasht－Nagar近郊的Dhêri－Kafirân村起大約兩公里地方，有個Sare－Makhe－Dhêri，相當於上述的窣堵波。印度西北部信仰訶利底，可從現在仍然遺留的許多塑像這個現實中獲悉。尤其，我們知道訶利底的丈夫半支迦，跟日本大黑天並列的像，從印度西北方延伸到印度西部，最後到達爪哇地區。

訶利底的九子母像在印度西北部很發達，而這種情狀經由中央亞細亞到了中國。我們知道訶利底懷中抱子的姿勢，一面在中央亞細亞跟信仰瑪利亞的習俗調合，一面又在中國宋代以後跟信仰觀音的習俗調合。

今天中國民間信仰裡，目睹一位婦人懷中抱子的觀音像，而被人稱爲觀音娘娘，其實正是這種習俗調合的結果。

那麼，這種訶利底的根源是什麼呢？依照一般的學說，她被人看作痘瘡的惡神，會嘴呑男女小孩，而當這種病害呈現恐怖威猛的情狀時，爲什麼她被人稱作「青綠色之女」呢？訶利底並不是痘瘡的意思。依我想，綠色糞便成了診斷重要根據的「瘟疫」。

第二章 諸位長老尼的告白

一、長老尼偈

長老尼偈是什麼？

在巴利語經典裡，有一種文獻叫做長老尼偈（Therigāthā）。所謂「經」（Sutta）者，即是佛說的話，而長老尼偈可不是這類經典，那是佛弟子中有一群長老尼（thari），將她們每個人的告白聚集而成，或描寫她們個人體驗的一種宗教文學，尤其，屬於初期佛教時代的作品極爲重要。

從（七六）裡不難發現某種宗教的理想——

「束縛天界與人間界的一切枷鎖，而今完全被切斷了。使妾的心遭受痲痺的各種污穢都被摔棄了，妾很寧靜又滿足，也得到永恆的安定了。」

這是一位名叫維摩羅（Vimalā）女尼的告白，她原是一名妓女，從這句話裡坦白吐露自己的感想。

有一部『法句經』（Dhammapada）和另一部『經集』（Suttanipāta）都屬於相同的初期經典，以初期佛教倫理教說的性質，規勸有情衆生要仁慈，不殺生或自制，這兩部經跟『長老尼偈』都有共同點，若要了解初期佛教的思想，『長老尼偈』是極有價值的文獻，完全不亞於『法句經』與『經集』。但是，『長老尼偈』還有一項巨大特色爲其他經典所缺乏的，就是從『長老尼偈』可以窺視當時的女性生活，僅就這一點來說，它無疑是世界上無可比擬的宗教文學的作品，我敢這樣肯定地說也不算言過其實。

分類與內容

且說『長老尼偈』記載五百二十二首詩偈，可知七十一位長老女尼的名字。其中，從〔一一七〕到〔一二一〕五首偈，是關於三十位修行女尼向微妙（paṭācārā）女尼虔誠發誓，說自己會遵守奉行的內容。從〔一二七〕到〔一三二〕六首偈，是關於微妙女尼的弟子——五百位女尼的東西，除了這些以外，其餘五百十一首詩偈，在傳承上被視同名列其中的七十一位長老女尼的作品。

但若細察它的內容，事實並非如此，例如從〔二〕到〔一〇〕有九首偈都說「師尊」。那就是佛向九位長老女尼所說的話忠實記錄下來。還有〔一九〕與〔二〇〕兩首偈語也是「師尊」向修習女尼難陀（Nandā）傳授教誡的話。又從〔三一二〕到〔三三七〕有二十六首偈被看作孫陀利（Sundari）女尼的作品，但內容採用極爲戲曲性的組織，出自一位名叫修舍佉（Sujāta）的婆羅門，和一位長老女尼波私特（Vāseṭṭhi），以及修舍佉的女兒孫陀利之間的問答記錄。從〔三六六〕到〔三九九〕有三十四首偈，是一名好色青年企圖引誘司哈（Sabha）女尼而展開的一番交談，既是一篇敍事詩，也是一首民謠。

從〔四〇〇〕到〔四四七〕是有關伊西達西（Isidasi）長老女尼的四十八首偈，再從〔四四八〕到〔五二二〕有七十五首偈是有關司美達（Sumedhā）長老女尼的內容，被人認爲是附加進來的後代作品。不過，其間有不少重複，又有哪些是眞正出自哪一位長老女尼之手也頗難決定，諸如此事爲數不少。

這樣看來，只要仔細一想，到底有哪些詩可以純粹屬於佛陀時代呢？老實說，也是非常有疑問。不過，仍有不少屬於佛弟子中一群長老女尼的作品，倒是可以肯定的事實。例如從〔一五七〕到〔一六二〕的六首偈語，被視爲佛陀姨媽摩訶波闍波提（Mahāpajāpatī Gotamī）女尼對佛陀的讚歌；我想，從內容看來，這些毫無疑問是她自己所唱誦的詩偈。

若讀這些『長老尼偈』時，也不難看見某種事實——若非本人誦唱，則不可能吐露這種眞情實狀，而且許多詩偈的作品也是無可懷疑的。

現在，我不妨列舉一件印象最鮮明的例子。在初期佛教文獻裡也以最熱烈情況出場，即在女尼教團有「神通第一」（aggaṁ iddhimantīnaṁ）之稱的蓮華色（Uppalavaṇṇā）尼，曾經說：

〔二二四〕**我們母女兩人共同侍候一個男人爲丈夫，當妾明白此事，就生起未曾有過的驚訝，忍不住全身戰慄起來。**

這首偈語吐露出既生動，又痛苦的實況，可見『長老尼偈』描述當時女性的現實生活，而這首偈只是其中一節故事。以下有幾則類似的例子，出自『長老尼偈』的詩偈，不妨透過它的註解故事介紹出來。

二、喪子之痛

誠如前述，『長老尼偈』是一群長老女尼個人的告白，純粹宣洩個人經驗，因此，其間的故事多半顯示身為女人的苦惱。首先提到「喪子之痛」，此事無疑不在話下，例如波斯特女尼這樣吐露：

〔一三三〕孩子死了，妾痛心疾首，精神恍惚，心亂如麻，赤身露體，披頭散髮，到處徘徊和徬徨。

〔一三四〕三年間，妾受到飢餓和口渴的煎熬，一直徬徨在十字路口、垃圾堆、墓地和大馬路上。

據說波斯特在威德哈（Videha）的首都精特拉（Mithilā）所聽到佛陀的教法，終於出家為尼了。所以，這位長老女尼又出現〔三一二〕以下諸偈。

〔三一二〕修舍佉「比丘尼呵！你以前孩子死了，不分晝夜痛哭流涕，哀號不已。

〔三一三〕婆羅門出身的女尼波斯特呵！你雖然失去了七個孩子，何以現在不會哀痛欲絕的樣子呢？」

〔三一四〕波斯女尼「婆羅門呵！過去幾度生涯裡，你我都一樣有過幾百個孩子死去，也送走了幾百個親人啦！

〔三一五〕妾即使遇到這種情狀，卻已經明白出離之道，懂得怎樣逃離生死，所以不再會憂愁、哭泣和哀痛了。」

婆羅門修舍佉由於喪子之痛，聽到比丘尼的話十分驚訝，不禁問她：「你到底學了誰的教法，竟會說出這種話來呢？」對方說自己曾在米特拉聆聽佛陀的教法，波斯特立刻去參訪佛陀，最後也出家了。

當波斯特女尼將此事告訴修舍佉的女兒孫陀利時，孫陀利也在這位長老女尼引導下出家，最後做了長老女尼。

伍比利（Ubbiri）出身舍衛城的一位有錢人家庭，進了憍薩羅國波斯匿王的後宮，生下一個女兒名叫吉瓦（Jivā）。因爲深得國王的歡喜，國王就立伍比利爲皇后。不料，這位小女兒不久夭折了，伍比利十分哀傷，每天去女兒的墓場。有一天，當她正在阿吉拉華特（Aciravati）河岸傷心哭泣時，佛陀出現在她眼前，聽了她反覆哭訴，就教誨她說：

〔五一〕伍比利呵！你在森林下哭叫：「女兒，吉瓦呵！」同樣名子叫做吉瓦的人，共有八萬四千個女孩都被火葬在這個墓場了，那麼，你到底哀悼其中哪一位呢？

伍比利聽了佛陀的話，便毅然出家，做了長老女尼。

吉離舍瞿曇彌（Kisāgotami）的故事也有異曲同工之處。她出身舍衛城一個貧苦家庭，瞿曇彌是本名，因爲瘦弱才被稱爲「瘦女人」。在『長老尼偈』裡，她的經歷是這樣的：

〔二一八〕妾明白分娩的時辰快到，走路返家途中，看到了丈夫死在路上。妾還沒有抵達家門以前，就產下了孩子。

〔二一九〕兩個孩子死了，丈夫也因窮困而死在路上，父親、母親和兄弟也都用相同的火葬的柴薪給燒掉了。

〔二二一〕還有妾在墓場看見孩子的肉被吃掉了，妾失去了一個家庭，沒有丈夫，雖然飽受世人嘲笑，卻也得了不死之心。

由此可知她失去孩子和丈夫才去出家，其他的狀況就不淸楚了。『長老尼偈』的註解中所記載的故事，似乎旨趣稍微不同。

瞿曇彌出身窮苦家庭，長大後嫁入一個富裕家裡，接著，她一直被家人輕視，直到她產下一個男孩，就得到家人的尊重，誰知這個兒子好不容易開始學走路時，不幸夭折了。

飽受哀傷摧殘的她，害怕死去的孩子被人搶去，就揹著孩子到處找藥品，希望讓他復活，結果一直徬徨走著。大家都在嘲笑她，一個人覺得她滿可憐的，就帶她去參訪佛陀了。

佛陀要她先向一個從來沒有死過人的家庭要些芥子種來，就能醫活她死去的兒子，她就到處去找尋，之後沒有一個家庭從來沒有死過人的，她才把哀痛的心鎮定下來，將夭折的兒子送去墓場下葬，再回到佛陀身邊出家了。

由於她在女尼教團經常穿著粗俗的布衣，故被人稱為「粗衣第一」（aggaṁ lūkhaciuaradharānaṁ）。

丈夫死後分得些遺產，但被孩子遺棄的女人，總是很悲哀的事，有一位梭那（Sona）比丘尼正是這種女人。因為她上了年紀才出家，故比人加倍努力。最後被佛陀稱為「精進第一」（aggaṁ āraddhaviriyānaṁ）。〔一〇二〕上面記載她曾經生下十個孩子。

三、微妙比丘尼

微妙(patācārā)比丘尼在女尼教團被稱作「持律第一」(aggam vinaya-dharānam)。據說她在出家前有過很悲慘與痛苦的生活。『長老尼偈』的註釋上記載她出家有一段因緣,這段故事大要於下:

微妙舍衛城一位富商的女兒。年長時跟一個男僕親蜜,父母打算把她嫁給一位身份相同的年輕男人,不料,她毅然偕同男僕情人跑到鄉間躲藏起來。分娩期近,她希望回到娘家來做月子,但她的丈夫假藉各種理由,拖延她回娘家的日子,有一天,丈夫外出時,她留話給鄰舍,就獨自向舍衛城的路上前進了。丈夫在後面追趕她,她就在半路上生產了。只好再回到原來躲藏的地方。

第二胎生產也沒有回娘家,而留在隱藏的地方分娩。後來,來了一陣暴風雨,她的丈夫為了要搭建一棟避難小屋,便上山採伐木材和青草,不料半路上被毒蛇咬死了。她懷疑兩個孩子伏在地面,好不容易這樣渡過一晚,次日清晨才發現丈夫的屍體。於是,她竭盡所能要去娘家。

但是，往返舍衛城途中必須渡過一條河流，那時，剛巧河水湍急，她不能同時拉著兩個孩子渡河，便把嬰兒暫時放在岸邊草堆上睡著，而先抱著大兒子渡河了。不料，走到河流中央，回頭一看，忽見一隻兇鷲朝向嬰兒睡覺的草上猛撲下來，她忍不住哇地大叫一聲，手上抱著的兒子就掉進河水裡，且迅速被大水吞沒了。而今她死了丈夫和兩個兒子，悲痛欲死，待她返回舍衛城時，始知父母和哥哥的家屋在暴風雨中全被沖走了，眼前家屋都沒有了。

她在悲傷之餘，簡直要瘋掉了，只見她來回徬徨，到處徘徊，甚至連下衣也掉了下來，因此，她被人稱作「只穿單布走路的女人」，大家見到她都下逐客令。有一天，她不自覺躑躅到了佛陀駐錫的祇園精舍。

佛陀周圍的人想阻擋她靠近佛，但是，佛陀卻溫馨地招呼她走前來，且很親切地跟她說話了。藉著佛說話那股溫馨的力量，才讓她清醒過來，覺得難爲情而蹲在地上不動。一個男人拿一件上衣丟給她，她披上衣服才在佛前伏地，談起自己的悲慘經歷，並求助於佛陀。佛陀用溫馨的話安慰她，讓她領悟人生必有一死的眞理，同時給她說些教法。她央求要出家，佛陀答應了她。

有一天，她在洗腳，忽然目睹水在遠處飛跳，在近處流落的情狀，同樣地，她發現人在小孩子時死了，在中年時喪命，到了老年就死亡一樣。這一來，她在『長老尼偈』中，就很動人地唱出自己的思索過程了。

〔一一四〕妾在洗腳之際，看見水從高處流向低處的情狀，從此領悟自己好像在調御一四天生的駿馬一般，才將心神鎮定下來。

〔一一五〕接著，妾持著燈火進入精舍裡去。看見臥具，就坐在寢床上了。

〔一一六〕不久，天亮了，妾用鐵絲勾著燈芯，這一來，燈光立刻消失了，在這刹那間，妾的心就解脫了。

這位微妙女尼成了長老尼之後，便成爲教團內的偉大指導人，許多位傷心淚盡，飽受折磨的女人都能接受她的安慰和指引。

從『長老尼偈』的第〔一一七〕到〔一二一〕五首偈語中，都叙述有關三十位修行女尼的消息，而她們都聚集在微妙女尼的地方，從〔一二七〕到〔一三二〕六首偈語，記載自己對五百位女尼的教誡，以及回答她們的問題，而這五百位女尼都是她的弟子。

四、一群受制於弔詭命運的女尼

所謂「捷慧第一」（aggaṁ khippabhiññānaṁ 意指最具有敏銳直觀力者）那位女尼名叫巴達庫達拉開薩 Bhaddā Kuṇḍa lakesā 頭髮蓬鬆的巴達）一輩子命運多舛，現在不妨談談她的生平。

她原名叫做巴達，出身於摩揭陀國首都王舍城（Rājagaha）一位富商家庭。當她年長時，有一天，從格子窗戶往外一看，就目睹摩揭陀國一位官員的兒子叫莎多卡（Sattuka），做了強盜，那天剛巧因為強盜罪被拉去刑場的情狀。當她一看到他的樣子，馬上一見鍾情，就撒嬌說：

「我非他不嫁，這輩子沒有他，我就不想活了。」

她的父親因為太疼愛女兒，便向刑吏賄賂，請他放走莎多卡，讓他洗個香水澡，巴達全身戴佩寶石，待在家裡焦灼等著他回來。不料，莎多拉一看見巴達的樣子，眼睛被她全身寶石弄得眼花撩亂，於是，他心懷一個陰謀，企圖殺死她，而後拿走寶石。於是，他對她說道：

「逃跑成功之前，我曾向『盜人崖』諸神許下願望，以後要來上供的。」

她聽了相信不疑，就開始準備上供的東西，用寶石裝飾一番，便一塊兒出去了。當她來到崖頂時，莎多卡便向巴達實話實說。不料，巴達一點兒也不怕，不斷央求他說：「馬上就要離開你了，請你讓我前後左右擁抱一下吧！」莎多卡答應了，只見她從後面伸手抱住他，突然將他往山崖下推下去了。這時候，只聽山神發出稱讚的聲音說：

「其實，這些男人不論什麼時候都不會比女人來得聰明。」

之後，巴達也無心返回自己家裡，反而加入耆那教徒尼乾子（Nigaṇṭha）的行列中。因為她希望落實劇烈的苦行，所以，耆那教徒就用椰子梳子將她的頭髮拔掉了，致使大家都忍不住叫她為頭髮蓬鬆的女人。她對耆那教的教法覺得不能滿足，就失望地離去，之後訪遍各地辯論師，展開唇槍舌戰，你問我答，其間，她終於能言善辯起來，而且樂此不疲的樣子。

有一次，她來到一個村莊，便在村口擺一堆沙子，說道：「不論是誰，凡想要跟妾辯論的人，請將這根樹枝踩下去。」果然看她將一根樹枝豎立在沙堆上面。

有一天，佛陀的一位弟子舍利弗（Sāriputta）在舍衛城郊外看見那根樹枝，便吩咐小孩子將它踩下去。巴達要對方出席辯論大會，親自率領一大群人，便浩浩蕩蕩去了祇園精舍。好像舍利弗先開口問她，之後對她的反問舍利弗毫不猶豫回答她，最後讓她啞口無言了。舍利弗問她說：「對萬人而言，只有一項眞實的東西，請問那是什麼？」巴達答不出來，於是，她希望拜舍利弗做師父。但是，舍利弗把她送去見佛陀了。『長老尼偈』第〔一〇九〕首詩偈提到她初次謁見佛陀的情形，坦率敍述自己當時的心境——

妾跪下禮拜，在佛前合掌時，佛對我說：「你來，巴達呵！」因爲這樣，妾就完全接受了圓滿的戒行。

可見巴達這位女人眞是生性爽直，行事乾脆得很。

所謂命運坎坷，例如前述那位蓮華色女出家前的遭遇，再殘酷不過了，因爲她居然跟母親同事一夫，共有一個男人。她們母女同時共有那個丈夫的男人，就是後來做長老的甘特利亞（Gangātiriya）。依照『長老尼偈』的註釋上說，就跟上述那首〔二二四〕偈有關，非常坦白的自述。故事概要於下——

甘特利亞原名叫達塔（Datta），父親是舍衛城一位長者。母親在懷他的時候，正好丈夫不在家，婆婆懷疑她的貞潔出了問題，就把她逼走了。母親到王舍城去尋夫，結果在一間旅社生下這個兒子。不過，有一次母親出去洗澡不在身邊，剛巧有一支商隊首領經過這裡，以為這個嬰兒被人遺棄，就好心將他帶走。後來，母親被一個盜賊首領擄去，做了她的妻子，不久生下一個女孩。

有一天，她跟丈夫吵架，一氣之下將女兒丟在床上，竟讓女兒受了傷。之後，她怕丈夫生氣，就匆匆逃了出來，回到王舍城做妓女。十幾年後，她做了達塔的妾，雙方都不知彼此是母子關係。後來，達塔娶了那個強盜的女兒做妻子，有一天，老母親目睹年輕新娘子的頭部傷痕，始知來龍去脈，於是母女兩人都出家了。雖說甘特利亞事前毫不知悉，卻也明白自己娶了母親和妹妹，無疑犯了近親相姦罪，悔恨痛苦之餘也跑去出家了。

他在恆河岸上建造一棟小屋，過著嚴謹的修行生活，後來做了長老，被人稱為甘特利亞。

在其他文獻裡，有人發現蓮華色女的出家經過，呈現相當程度的美化跡象。『長老尼偈』出現那種眞實的心情吐露，才是她的本來面目，關於蓮華色女的記錄，佛經上倒有幾則軼事傳承下來，因為跟『長老尼偈』的記述沒有直接關係，恕我不在此贅述。

五、拒絕男人誘惑的司巴尼

做爲一個女人，由於美貌出衆而被男人誘惑的事，應該時有所聞。但若讀到『長老尼偈』的記載，會發現一群長老女尼對誘惑的態度相當嚴肅。例如，上述蓮華色女就認爲男人誘惑，無異惡魔在說話。

〔二三〇〕只見樹梢上長滿鮮花，只有你一個人站在這棵樹附近。你身邊沒有一個人。年輕女人呵！難道你不怕有人誘惑嗎？

蓮華色女的答話，的確很嚴肅、很莊重。

〔二三一〕縱使有千百位男人來誘惑，同時站在我身邊，妾也動不了一根毛，亦不會震動。惡魔呵！你一個人怎麼奈何得了我呀？

塞拉（Selā）女尼回答惡魔的話，更爲露骨。

〔五七〕世間沒有解脱這回事，你過世間的生活一點兒益處也沒有，還是好好享受一番愛慾吧！以後才不會懊悔。

塞拉女尼答說：「你說現在在享受愛慾之樂，那種事對現在的妾不是享樂。」

於是，嚴詞拒絕對方的誘惑了。

塞拉女尼是阿拉威（Ālavi）王的女兒，聽了佛陀說法，便皈依佛教。之後出家修行了。

最悽慘不過的是司巴（Subhā）女尼的行爲，她爲了呵斥男人的引誘，不惜挖出自己的眼珠給他，誠如上述，有三十四首詩偈記載她的情形，她的作品既是敘事詩，也是民謠。現在，我把大概譯文引示於下：

〔三六六〕耆婆醫生擁有一片快樂的芒果樹園，司巴女尼前往那裡時，途中遇到一個好色漢子阻擋著她，而司巴女尼對他說。

〔三六七〕司巴女尼說：「你在這裡阻擋妾走路，妾到底哪裡對不起你呢？朋友，男人觸及女尼是不對的。

〔三六九〕妾的心已經清淨解脫，既不會污濁，也不會髒亂，而你的心卻很污濁，爲什麼要站在這兒攔阻妾呢？」

〔三七〇〕男人說：「你年輕又漂亮，出家了不可惜嗎，喂！來呀！你把身上的黃衣脫下來，到那邊的花簇下一塊兒快樂遊玩不好嗎？

〔三七一〕樹林附近的落花繽紛，周圍散發出甘美的香氣。初春果然是快樂的季節。啊！你快來呀，一塊兒到鮮花漫開的樹林中痛快遊玩吧！

〔三七二〕樹林梢上的鮮花，隨風搖曳而發出聲音。倘若你孤獨在林中漫步，到底有什麼樂趣可言呢？

〔三七三〕在一大片樹林裡，有成群的猛獸出沒，發情期的象發出咆哮，毫無人氣，恐怖多端，你身邊沒有人，難道你要進去嗎？

〔三七四〕你彷彿黃金打造的象一樣，也像帝釋天的園林的天女一般，走路一搖一擺。無可比擬的美人呵！如果你穿上外國來的美麗衣裳，看來一定會更漂亮的。

〔三七五〕如果你住在森林中的話，我會充當你的僕傭。你有柔和的眼睛，彷彿妖精一般的女人呀！你是我最愛的女人，因爲沒有別的女人值得我這樣心動。

〔三七六〕倘若你肯聽我的話，我一定會給你幸福，啊！你過來吧！我們過著在家人的生活，住在安靜的宮殿裡，有一群侍女圍繞在你身邊過日子。

〔三七七〕我會用舶來品的奢侈衣裳，把你的身體妝扮起來。像花飾、顏料、黃金、摩尼珠、眞珠等無數的裝飾品，我都會大方贈送給你啊！

〔三七八〕有漂亮的天蓋，新掛布和地氈，用檀香木打造得很美觀，希望你在這種香木造的豪華床上休憩。

〔三八一〕你的眼睛猶如山中的牝鹿和妖精的眼睛，看到你的眼睛以後，我那焦灼的戀情愈來愈激動了。

〔三八二〕你的頭好似蓮華之花，臉如乾淨的黃金，看到你的眼睛之後，我那焦灼的戀情愈來愈激動了。

〔三八三〕縱使你去遠了，但是，我一直會想到你那長長的睫毛，和清澈的眼睛。你那柔和的眼睛好像妖精一般，我最愛你那雙眼睛，別人的眼睛都不值得我這樣心動。

可見這個男人極盡挑情和引誘之能事。儘管這樣，但若看他最後那幾句詩偈，卻已經看出這個男人的心有些氣餒的樣子。司巴女尼聽到這個男人的甜言蜜語，回答得相當冷靜。

〔三八四〕「你拚命追求佛弟子的女尼，無異想去無路可走之處，例如去月球找玩具，或想去攀登須彌山一樣。

〔三五八〕仔細一想，妾現在對諸神和人世間的一切，再也沒存什麼貪求心了。至於將來會怎樣。妾不知道，進入佛道以來，那些跟妾已經絕緣了。

〔三八八〕縱使被人謾罵和尊敬，或遭遇苦痛，甚至得到快樂，妾的正確思考是不會動搖的，妾知曉那些被形成的東西都不清淨，不論在任何情況下，妾的心是不會被污染的。

〔三九〇〕我看見彩色漂亮、珍奇的木製玩偶了。它被繩子串連起來操縱時，會跳出各種舞蹈。

〔三九一〕倘若把這條繩子連串拆卸下來，分解成零零亂亂，只成部份原來的形狀。而完全判斷不出來時，讓人看了會覺得那個是什麼東西呀？

〔三九四〕愚蠢的人呵！彷彿眼前呈現的幻影，又像夢中的金樹一般，或衆人所見雜技團表演的諸像那樣，追求這些空虛物，而你正在這條路哩！

〔三九五〕眼睛猶如樹孔上黏附的樹脂塊一般，眼睛中央有泡狀物，淚水直流，眼屎也從此生焉。若依形狀來說，那裡有什麼樣的眼睛呢？」

司巴女尼的眼中沒有愛著之心，只聽她說：「那麼，妾就將眼睛給你，你好好拿去吧！」說完話，果然挖下自己的眼珠遞給他了。

不過，結束那一段稍嫌簡陋一些。那個男人拿到那隻剛挖出來的眼珠之際，突然全身戰慄，愛慾之心立刻消失，他央求她寬恕了。之後，當她來到佛陀的精舍時，她的雙眼又復原如初了。

六、原是妓女的菴婆羅女和其他女尼的告白

『長老尼偈』中有七十一位出名的長老女尼，包括四位做過妓女的女人。她們是阿達卡西（Aḍḍhakāsi）、阿巴亞瑪達（Abhayamāta）、威瑪拉（Vimalā）和這位菴婆羅女（Ambapāri）。

阿達卡西是王舍城的妓女，她這個名字意謂「一半卡西」，據說請她陪宿一夜，所花的代價是卡西（Kāsi）國土一天稅收的一半。例如〔二五〕這句偈語記錄她的話說。

「大家評價說，妾的代價可以匹敵卡西國所有居民的收入所得，妾的身價無可比擬。」

雖然卡西出身於富裕家庭，奈因前輩子惡業太多，這輩子才會當妓女。她吐露自己是聽了佛陀說法後才去出家的。

阿巴亞瑪達意味「長老阿巴亞之母」，她原來在伍傑尼（Ujjoni）當妓女，名

叫帕多瑪瓦特（Padmavati），長相漂亮，人人稱讚。摩揭陀國的頻婆娑羅王十分寵愛她，後來生下阿巴亞。頻婆娑羅王死後，據說阿巴亞聽了佛法，就去出家了。〔三三〕是阿巴亞的話，〔三四〕是母親的答話。

威瑪拉是威莎利地方一個妓女的女兒，而她自己也當了妓女。有一天，佛弟子目連尊者（Moggallāna）前來托鉢時，她想要引誘目連尊者。尊者反而趁機教誨她，最後，她發心出家了。

〔七二〕妾誇耀自身的容貌美色、運勢與名聲，又自恃年輕，所以很輕視一般人。

〔七三〕妾一身裝扮美麗，讓一群笨男人來追逐，妾撒開網子，好像獵師一樣站在妓女户門前，等待獵物投入。

〔七四〕妾呈現秘處，掀開裝飾給人看，一邊嘲笑許多男人，一邊採用熟練的手腕。

她回憶妓女時代的主張。在〔七五〕偈說，自己剃了頭，披上粗衣出外托鉢，對於世俗的事情沒有任何興趣，只會坐在樹下，又像〔七六〕那樣稱讚法悦的境界。

菴婆羅女也是威莎利地方一個妓女，初期佛典上經常出現她的記載。原先她被人遺棄在威莎利郊外一處芒果樹園裡，後來被土人扶育長大，故被人稱爲「芒果樹園的土人之女」。因爲她長得十分美麗，成了許多富家公子爭奪的對象，但她卻當了妓女，才停止他們的爭奪。

後來，她當了佛陀的虔誠信徒，並在自己的園林內搭造僧院，捐贈給佛陀的教團。這就是菴婆羅女瓦那（Ambapālivana）。

儘管記載方面稍有些出入，但這座園林的捐贈在各種初期佛教文獻上屢見不鮮，對初期佛教教團的發展史留下一段著名的佳話，『長老尼偈』第〔二五二〕以下十八首偈語，都透過身體各部份，詳細描寫和對照自己年輕時代的美貌，和眼前老態龍鍾，最後反覆表示：「說眞實話的（佛）是不會虛假的。」

這些記載太過寫實了，就某方面來說，有些陰氣逼人，這樣說似乎也不過份。不妨引用幾篇來看一下。

〔二五四〕妾的頭頂上好像被刻意栽培，才生出這樣繁茂的毛髮，不時要用梳子、夾子裝飾得漂漂亮亮，而今因爲衰老的緣故，到處都禿光了。

〔二五七〕妾的眼睛彷彿摩尼珠般，閃耀著深藍色的光輝，而今因爲衰老的緣故才顯得混濁了，光輝消失了。

〔二六〇〕妾的牙齒猶如芭蕉的新芽般，排列得很美觀，而今因爲衰老的緣故，有些被拔掉，有些搖動，好像熟麥般焦黃起來。

〔二六五〕妾的一對乳房，昔日豐腴膨脹、均勻圓滿，奶頭往上翹，而今像缺水的皮袋往下垂著了。

〔二六七〕妾的一雙腿，昔日像象鼻一般豐盈，而今因爲衰老的緣故，就像竹、葦一般了。

〔二七〇〕由此可見，這副由諸般條件聚集的身體衰老了，而今等於諸般苦惱的倉庫，或粉刷掉落的舊房子。說眞實話的人果然不虛假。

再說像菴婆羅女這種妓女，在古典文獻上叫做賈尼卡（gaṇikā）。在古印度社會，賈尼卡不是單指妓女，也包括那些擅長歌舞、技藝的女人，以及社交界鋒芒畢露、舉足輕重的女性。這種女人索取的代價非常高，詳細數目雖然不清楚，但也記載「五百金」或「千金」等語。同時，我們知道她們也能過著非常豪華的日子。

時代稍後一些，有一位名叫休德拉卡（Śūdraka 紀元三〇〇年前後）的人，寫一部戲曲叫『土的小車』（Mṛcchakaṭika），其中那位女主角名叫華莎塞那

（Vasantasenā）即是最明顯的例子。她的教養極好，聰明能幹，也是才氣縱橫。有人譭謗她是「輕浮之神的遊樂場」，罵她是「官能享受的縮圖」，但也很難斷定她是不是妓女身份，因爲她對意中人仍然很痴情、很誠實，不失爲多情溫柔的女人。她也很富有，例如，她居住的房子豪華得足以比美財神爺的宮殿。

事實上，那裡也有明顯的文學情調，可見古印度仍舊存在這種賈尼卡，由此推測她捐贈那家寺院不一定是架空的事實。

附編　佛教與印度教

一、印度教的成立

直到印度雅利安人定居於印度，他們就有了自己的司祭者和預言家，且有形形色色的祭式，和神學性的神聖傳承。他們把這些印度土地特有的宗教觀與宗教性質的體驗善加保持之外，也讓它進一步發展起來。於是，集其大成，且數量龐雜的吠陀文獻就這樣形成起來。他們把平時讚嘆諸神的讚歌收集成「梨俱吠陀」。『梨俱吠陀』的舞台，主要從五河地方（現今的帕加普）起到賈姆納河的地區，尤其以薩拉斯瓦特河流域為中心，但在『梨俱吠陀』的末期，就在恆河流域進出了。

當時，在印度雅利安人周圍居住一群原住民，稱為達薩（dāsa）或達斯由（dasyu）。印度雅利安人靠武力將他們征服後趕走，這些假藉『梨俱吠陀』第一軍神印德拉的神話來說故事。依照『梨俱吠陀』的記載，若要區別印度雅利安人和達薩人（或達斯由）的話，首先要看膚色，因為「雅利安色」、「達薩色」分別很明顯，後者為黑色皮膚，而且據說達薩的女人有黑胎（Kṛṣṇa－yoni）。

那群名叫達薩或達斯由的原住民，若從現在印度民族的組織上說。他們到底是德拉威達族（Dravida）——勢力範圍在現今德干高原以南，還是柯利亞族（Koliya）——散佈在玖達納古魯（Chotā - Nāgpur）的山岳地帶呢?·這的確很難決定。如果檢討『梨俱吠陀』的字彙，會發現他們也有不少德拉威達語源的單字（例如ulūkhala祭式用的「臼」，musala「杵」等）和柯利亞姆當Muṇḍā語源的單字（例如Lāṅgala「犁」mayūra「孔雀」）。

又有印度雅利安語的特色，跟伊朗系諸言語有極近的關係，而這些已從『梨俱吠陀』的最古層中獲悉，這種語音既存在德拉威特語，亦存在姆當語裡，這表示被征服居民的發音習慣早就混進去了。

不過，不論乍見下屬於哪一種影響，都無法輕率去斷定。不管怎樣，有一件不可否定的事實是，在『梨俱吠陀』中以原住民身份出現的德拉威達族，和柯利亞族的影響是相當程度地滲透進去。更明顯的是，印度雅利安人是征服者的姿態，跟原住民相互影響的漫長歷史才是討論的內容。

早在印度雅利安人定居印度的時期，我們知道那些族群結構中，就已經分成庫夏特拉Kṣatra（王公貴族）和維休Viś（庶民）了。同時，司祭者親自主宰的祭式更加複雜，而且必需有高度的專業知識與訓練才行。我們知道那群王侯武士階級即是族群國家的領袖，他們只知跟原住民去爭奪，趁著一般庶民沒有自覺時，拚命去擴大自己的特權。

這樣一來，就形成所謂婆羅門的祭官階級，一味強調祭式技術及其神秘性。其間，搭建了一般婆羅門教所謂哈伊阿拉基的基礎，而那也是一塊處女地，讓後期的吠陀文獻得以開展，這些文獻叙述普拉夫瑪納文獻婆羅門的獨善教義。

除了這三種階級以外，還有上述那群被印度雅利安人征服的原住民，他們揹負一種義務——以隸屬者的身份服侍印度雅利安人。在『梨俱吠陀』裡，所謂達薩語，早已經含有「奴隸」的意思了。有一首讚歌屬於『梨俱吠陀』的東西，其中出現四個階級即是，婆羅門（祭官階級 brahmaṇā）、刹帝利（王侯武士階級 Ksatriya）、吠舍（Vaiśya 庶民階級）和首陀羅（隸屬者階級Sūdra）的名稱，到了後來就習慣稱這些爲四姓（Caturvarṇa），在形式上用來分類印度社會的固定概念。

我們知道『梨俱吠陀』的末期，進出恆河流域那群印度雅利安人的生活環境發生重大變化，而這個事實是從祭儀書（梵書）文獻和後期吠陀文獻中獲悉的。恆河流域的土地肥沃，物產豐富，進出這裡會使產業和交通都發達起來。這樣一來，不但各地的都市紛紛起飛，而且經濟發展也促使『梨俱吠陀』時代那些族群國家得以統合，而後出現了民族國家。強大的國家存在促使生活安定了。以這種安定的社會情勢做背景，使那些主宰信仰與祭式的婆羅門，都會強調祭式的萬能，同時展開極爲繁雜的祭祀哲學。

以祭儀書（梵書）文獻爲首，還有阿拉尼亞卡、奧義書文獻，以及各種卡爾帕斯特拉文獻，這一來都成爲一座保護婆羅門的城堡，以婆羅門教聖典爲主幹，而成了後代宗教觀或哲學思想的依據。婆羅門不僅隨心所欲享有祭式執行的特權，而且自稱爲地上之神，跟那些掌握政治、兵馬大權的王侯和武士階級（刹帝利）結合一起，拚命榨取庶民階級和隸屬者階級。

『艾塔雷亞，祭儀書（梵書）』有一節記載，庶民階級是「任意受壓迫者」（yathākāmajyeya），而首陀羅是「任意被驅逐者」（Kāmo tthāpya）。

由此看來，他們在社會上肆無忌憚運用特權，榨取一般大衆，在宗教上倡導祭式萬能的獨善教說，婆羅門這種專橫的佔風，隨著時代日新月異而漸漸崩潰，而這不妨說是一種自然趨勢。從紀元前八〇〇年前後起，直到五〇〇年前後的時代，印度雅利安人的世界可說處在激動時代。因爲強大的民族國家出現了，利用恆河水運的工商業進步，促使都市生活如火如荼地展開了。

之後，經濟力的壯大必然開拓了新的殖民地。由於印度雅利安人好像也在吃米，所以，這個時期無疑是印度東邊開展殖民地的結果。新殖民地的開拓，結果對印度雅利安人的社會帶來重大變革。雖然婆羅門教嚴格禁止，但是開拓者與原住民的混血所產生的自然結果。

後期吠陀文獻之一提到一種事實，某村落有一個庫拉（Kula）——居住同一家屋者，家長及其家屬和全部附屬者——之中有「女奴（dāsi）」存在，她就是侍妾。庫拉這個字被看作德拉威達的語源，而這種事實亦可以說，這個社會制度淵源於印度雅利安人與原住民之間的共同生活。這種女性存在於庫拉的現象，明顯且必然會產生混血的結果，我們知道最後也會不得不承認一切事實。

『瑪奴法典』列舉這樣生出來的混血種的名稱，描寫將婆羅門放在最頂端的情狀。又有卡烏特亞在『實利論』中說出一種事實，他們規定：「女奴若生下主人的兒子，那麼，母子都不再做奴隸。」舍利弗、目連都是佛弟子中的佼佼者，而他們都屬於這種混血婆羅門，這無疑是滿有趣的現象。

這樣產生的混血，肯定會對當時的社會引起軒然大波。我們知道母系制首先會滲入家父長制的印度雅利安人的家族制度中。那是說，後期吠陀文獻中可以追尋若干語彙，而那表示母系制的東西。當然，它也可以表示這種關係爲婆羅門階級墨守印度雅利安墮落的現象，婆羅門從融通無礙的思考裡，如『瑪奴法典』所說的哈阿拉基那樣，將混血者看作墮落階級，而將他們包攝在自己的世界觀裡去。

但在另一方面，我們也發現種姓、氏族（gotra），或祖先名（Pravara）等概念被確定與鞏固起來，以便衡量印度雅利安人的社會傳統的保存狀況。結果使人崇尙純血，而忌諱近親結婚，以至獎勵大家要嚴守非常繁雜的結婚規矩，甚至使小兒也結婚，以及各種社會弊病都層出不窮了。

還有另一個事實是，這種混血讓印度雅利安人的世界，跟彼此對立原住民世界融合起來了。結果是，原住民的生活習慣、宗教信仰等逐漸滲透到印度雅利安人的世界觀及宗教觀裡去。

上述那種母系制問題，其實是前者的例證，而後者的例子有男根（陰莖）崇拜。印度文明已有男根崇拜的痕跡，乃是衆所周知的事實。『梨俱吠陀』兩度指責「將男根向神祭祀的人們」（Śiśnadevāḥ），顯然，這是指原住民崇拜男根的習俗，事實上，後世所謂林格（linag）一字，係用來表示「男根」的，我們認爲它淵源於歐斯特洛亞細亞系的字，而它隸屬於姆當語。

『摩訶婆羅多』上說，男根崇拜早在正統性的禮拜中佔有相當地位了。還有林格在後世成了西瓦神（Śiva）的象徵，而這位神是印度教三大神之一。

不過，在這種趨勢下，婆羅門常常在擴大自己的教說，有時還扭曲解釋，甚至敢詭辯，而搬出一套歪理來，反正他們想努力擁護自己的宗教特權。然而，這番努力甚至把異教徒的東西含蓋在自己的教說中，在這段過程中，婆羅門教不知不覺之間在變質了。這種新姿態通常被人稱爲印度教。

因此，透過後來的歷史，印度教就一面承認婆羅門的社會權威，一面包容一般宗教性的一切禮拜與形式，敘述深遠的哲理，而從這套思想體系中呈現出最原始那種庶物崇拜的一切樣相了。其中，出現最早那種西瓦神的信仰，在佛教興起前六世紀前後，就具備了宗教形態，而這些都是衆所周知的事。

比紀元前五〇〇年更早以前的激動時代，由於這種婆羅門教的變質而呈現若干特色，同時，面對婆羅門形式化的教學，站在自由立場來思考人生至上問題的思想家和宗教家紛紛出現，也是那個時代的特色。

『摩訶婆羅門』描寫不少當時苦行者和瑜伽行者的表現，但有一點必須注意的是，那些人不少屬於上述的混血種，甚至出身卑賤者。若依照原始佛經的記載，那些新興立場的教說當時有六十二人，而其中最馳名的有六位思想家，就是佛經上所謂「六師外道」了。還有跟他們同時的另一位喬達摩（Gotama）開創了佛教，而他是釋迦（Śākya）族的出身者，另一位是出身亞達瓦（Yādava）族的庫利休那（Kṛṣṇa），他也創了巴加瓦達（Bhāgavata）教，而這兩支宗教都很偉大，發展迅速對後世影響重大。巴加瓦達派後來融入印度教裡，而以威休奴（Viṣṇu）派的姿態發展下去。

耆那教大約出現於同一時代，那是六師外道中有一位瑪哈威拉（Mahāvīra）所創的新宗教。

但若仔細觀察這群新宗教祖師的出身，不難發現喬達摩生長在喜馬拉雅山麓，庫利休那生長在馬特拉西部，瑪哈威拉生長在維夏利，都是當時遠離婆羅門文化的邊境地區。也被看作剎帝利的王侯武士階級，這也是奧義書文化以剎帝利爲背景而展開的一種事實，這尤其意味印度雅利安世界所生起的一項重大轉變。

二、印度教的開展

那麼，由於印度雅利安人和原住民，不斷接觸與相互浸潤之間所釀成的印度教世界又是怎樣開展出來的呢？我們不妨作些重點描述。

我們擁有印度教文獻性質的『摩訶婆羅多』，及其續篇的『哈利華夏』，和『瑪哈普拉那』（mahāpurāṇa）方面總共十八篇的普拉那文獻。摩訶婆羅多是一部大敘事詩，以巴拉達族的戰爭爲故事內容，其中搜集不少神話，傳說和古老談話等類別，對於印度教的開展報導很多有趣的東西。這些神話，傳說和古老說話的類別，是上述激動時代的文藝活動，以故事詩的形式發展起來的。這些叫做印特哈薩（itihāsa）、阿基那（ākhyāna），或烏巴卡那（upākhyāna）。透過斯達（Sūta）或摩揭陀（māgadha）這些吟遊詩人的口中歌誦出來。這就成了『摩訶婆羅多』的娘胎，也產生了後代的普拉那文獻。

依我看，『摩訶婆羅多』的起源形式，早在紀元前四世紀前後就已經存在了，之後逐漸增加內容，到了紀元四〇〇年前後才大體完成現在的形態。

因此，其間呈現的宗教思想也極為紛歧，當然，我們也無法明確說出什麼年代，而今印度教中呈現形形色色的宗教思想、宗教儀式和社會制度，許多東西能夠從中窺視出來，倒也是很有趣的事。

『巴加瓦德基塔』（Bhagavadgītā）被稱作印度教徒的福音書，而它也被含蓋在『摩訶婆羅多』裡（第六卷，第二十五章—第四十二章），對後世的宗教思想帶來了巨大影響。這一篇鼓吹義務的完成，把利害結果置之度外，教導信徒必須要絕對皈依「庫利休那」，後來，回教徒散布在印度時，回教那種單純而不繁雜的教說，對印度的巴庫特思想帶來重大影響，在印度教裡，它以威休奴信仰的核心思想身份而大力開展出來。

『摩訶婆羅多』的續篇『哈利華夏』，它指「哈利家系」的意思，哈利記載庫利休那的家系與事蹟。他們大概成立於五世紀，事實上，現存的普拉那文獻可以追溯紀元六〇〇年以前，早在『摩訶婆羅多』完成以前，確實就存在有幾種普拉那文獻了。

在吠陀時代廣受尊敬的諸神，幾乎都隨同時代的變遷，而淪落成不太重要的地位，甚至完全淹沒了。在『摩訶婆羅多』記載裡，如太陽神、司法神、海神、水神、武神、火神等吠陀諸神，只不過被人繼續禮拜罷了。有些取代『梨俱吠陀』的主要神格，而佔據了它的位置，在吠陀時代有威休奴神和路德拉西瓦神相當於次要的位置。原來含有「呪力」或「呪頌」的中性名詞——普拉夫曼（brahman），經過一番男性化，而成了神的普拉夫瑪（Brahmā），到了『摩訶婆羅多』時代成了三大神。在理論上，普拉夫瑪和威休奴，以及西瓦，並駕齊驅，站在相同地位，居住美爾山上一座不可思議的神殿中，雖然神話傳說他騎著哈薩鳥，奈因缺乏宗教信仰的支持，所以民間很少人尊敬他。

普拉那文獻裡，威休奴神、西瓦神和他形成三身一體（Trimūrti），但是，他們認爲普拉夫瑪神創造世界，威休奴神保持世界，而西瓦神破壞世界。後來，時代日新月異，普拉夫瑪神失去重要性，而今它的祀堂僅剩下兩間而已。

在『梨俱吠陀』裡，威休奴神以太陽神的身份出現，五篇讚歌就是供奉這位神明。幾乎所有內容都提到威休奴神靠三步走遍天、空、地三界，而第三步在最高的天上。他們因爲尊敬那個神秘的最高處，才把威休奴神推到最高神的位置上去，在普拉夫瑪文獻裡，這位神被人尊敬爲最高神，在奧義書文獻裡，威休奴是『梨俱吠陀』以來所剩下的惟一大神。但從此以後，他的身份就開始混淆。

誠如上述，巴加瓦達派是庫利休那創立的宗教，由於庫利休那被信徒神格化。致使大家把他的地位跟該派之神華斯德華（Vāsudeva）並駕齊驅，相同看待。信徒崇拜華斯德華和庫利休那一樣，但這位神也跟威休奴神一樣被人尊敬。又在後期普拉夫瑪納文獻上提到那位拿勒亞納（Nārā yaṇa）是最高存在，大家把這位神跟華斯德華一樣看待，所以也跟威休奴神看作相同地位了。在普拉那文獻提到吠陀的神威休奴，跟普拉夫瑪文獻提到那位最高神拿勒亞納，以及歷史性宗教之神華斯德華等三者，所形成的三種宗教思想決定性地融合一起了。

在這樣重層信仰的背後，有哪些宗教史的事實呢？文獻上毫無記載，而我們所知道的只有融合起來，被看作同一種的重層信仰的跡象而已。這樣一來，後世威休奴派的源流就這樣形成了，又有第四種流向角色的果巴拉庫利休那（Gopāla－Kṛṣṇa），就是牧牛神身份那種童兒庫利休那的信仰，到了近代，它以威休奴派之一的身份佔據壓倒性的勢力。

牧牛神那種童兒庫利休那的起源，雖然我們不太明白，但是，這種神明深受阿毘拉（Abhira）族人的敬仰，因爲阿毘拉族人以畜牧爲業。也許因爲同名的緣故，所以，巴加瓦達派的神華斯德華，跟庫利休那被他們一視同仁，所以，也跟威休奴神享有同樣的地位。

威休奴神呈現的面貌倒不是自己特有的，依照普拉那文獻記載，這位神會以十種權化（avatāra）姿態呈現在這個世界上。那是以下十種權化的形象。

㈠魚、㈡龜、㈢野豬、㈣人獅子、㈤矮人、㈥帕拉休拉瑪、㈦拉嘛、㈧庫利休那、㈨佛、㈩卡爾基。

每一種都有自己的神話和傳說，從宗教民俗學的觀點說，實在滿有趣味，恕我不在此贅述。只有第㈨項值得一談，印度教徒有些故事內容想把佛教包攝於自己的教法中，這一點必須注意。

誠如上述，西瓦神的信仰曾經採取最早的宗教形態，在吠陀神話裡，這位神的最早形態即是暴風雨神魯德拉（Rudra）。在『梨俱吠陀』裡，魯德拉神可以享有三次獨立讚歌，他的地位遠比威休奴神更重要。頭頂上打髻，從身體發出輝煌的光芒，威攝四鄰，以兇猛的弓箭爲武器，特別強調他那破壞與恐怖的層面。同時，也不忽視醫療，治療恩澤的層面。

在普拉夫瑪那文獻裡，這位神明的性格極爲複雜，擁有數不盡的稱號。其中值得注意者，有帕修帕特（家畜之主）、瑪哈德瓦（大神）、伊夏那（支配者）等名稱，從此可以看出這位神的新路線。

事實上，在『亞賈魯＝吠陀』的『卡達卡＝桑希達』，及其增補形式那冊『泰特利＝亞桑希達』可以看出『夏達魯多利亞』（Śatarudriya 魯德拉百讚）方面，得到許多稱號的贈予，其間明顯表示神的恩寵與忿怒兩方面。在『摩訶婆羅多』裡，則用西瓦（吉祥者的意思）的名稱來表現這位神的恩寵面，之後，這個名稱固定下來，禮拜西瓦神常常顯示相當明顯的畏懼性要素。

在『摩訶婆羅多』的神話中，西瓦神把居住點放在喜馬拉雅山上，他跟神妃帕魯瓦德（Pārvati 山的女兒）一齊騎著白牛、四面、十臂、三眼，黑頸、前額上配戴彎形半月，披上虎皮，以弓、槍爲武器，又常常以大苦行者的姿態出現。他被人稱作哈拉（Hara 破壞者），大家深怕這位神明在世界末日時會破壞一切存在物，他以卡拉（Kāla 時間）的姿態統治世界，又有「死」的象徵。

他也被人看作拿達拉家（Naṭarāja 舞蹈之王），不過，這裡所謂舞蹈，乃是象徵宇宙的秩序運動。他的稱號之多，無出其右，依照『瑪哈巴拉達』記錄，可以列出一千個或一千八百個名稱之多。

若看他們禮拜西瓦神的盛況，不難明白人們許多活動和思考方面，正在被同化和融合在裡面了。誠如上述，他既是一位破壞之神，也是宇宙秩序那種破壞力的化身，還有許多血腥祭祀也跟他的禮拜行爲連結起來。但在另一方面也呈現一個事實，西瓦是一位再生之神，亦是一位性活動之神。

誠如上述，西瓦神以林格（男根）的姿態被信徒禮拜，記載說他的男根（陰莖）：「常常硬直起來」，「常常勃起著」。這類西瓦神的性能力，就跟地母神的信仰習俗結合了，以至開展出一種夏庫達（Śakti）的信仰了。原來，夏庫特這個字有「性能力」的意思，用來禮拜西瓦神的場合，便表示他的妃子了，在配偶的女性神裡，也可以透過她來表示西瓦神的力量。

禮拜夏庫特代表各種層面的意思。若以地母神的身份被人禮拜時，那就叫他賈加瑪特利（Jaganmātr）「世界之母」，西瓦神的妃子叫烏瑪（Umā），在德拉威達族之間被禮拜的一位地母神叫做安瑪（Ammā），而烏瑪的名字似乎淵源於安瑪。夏庫特是愛情、溫柔、獻身的妻子的化身之外，也同時象徵性慾與性的快樂。從此意味林格（陰莖）與約尼（Yoni）的結合，表示夏庫特這種禮拜的重要一面，在信徒之間成了法喜瞑想的課題。

禮拜西瓦神的另一種狀況是，表現夏庫特的恐怖層面、殘忍無情，極想吸血的女神。這位女神表示死亡、恐怖、流血和破壞，信徒禮拜卡利（Kāli）或多爾加（Durgā）的名稱，每一位被他們看作西瓦神妃的名字。還有惡漢之神巴華尼（Bhavāni）也屬於這一類。

夏庫特代表女性原理的性質，以約尼像的形態受人禮拜，有時赤裸裸呈現初潮以前的女性，而禮拜她的某一部份。結果，凡是以夏庫特爲主神那種夏庫達派的禮拜，都是極爲淫蕩靡爛。

之後，印度敎的發展係以威休奴神的信仰與西瓦神的禮拜爲中心，以後不斷分派，甚至分裂爲幾百個宗派了。在此，所謂「宗派」這個字叫做桑普拉達亞（Saṁpradāya）而這個字即是傳統上的「傳達」之意。那就是說，相信傳統的敎說淵源於某位敎師，而那些敎說留傳給子子孫孫的集團，就是「傳達」或宗敎的意思。現在，這些宗派包括威休奴派有一百三十九支。西瓦派有一百零三支，夏庫達派有十七支，卡那帕特亞派（這個宗派禮拜卡那帕特Ganapati神，他是西瓦神的兒子，智慧有成就）有十一支，莎拉派（禮拜太陽神的宗派）有九支。

而今不妨將印度敎的特色概述於下：

㈠　尊重吠陀聖典。

㈡ 把偶像當作現實之神來禮拜。
㈢ 認同和容忍婆羅門為最高種姓。
㈣ 偏重祭式。
㈤ 崇敬宗教上的教師等聖者。
㈥ 相信世人的投胎轉世，淵源於前世自己所造的業，信仰世人可以依靠巴庫特從再生的羈絆下得救。

除此以外，還有些個人、社會習慣那種菜食主義或斷絕酒精飲料等，無法被人全盤接受。

三、佛教與印度社會

誠如上述，佛教成立於印度雅利安人那個世界的激烈動盪時代。依據初期佛教文獻的記載，當時有幾個強大國家如摩揭陀國頻婆娑羅王、憍薩羅國的波斯匿王都皈依佛陀，還有舍衛城給孤獨等富商捐贈精舍，也得到幾位優秀能幹的弟子，例如舍利弗、目連和大迦葉，致使佛教勢力從恆河中游擴展到西海岸方面，佛陀入滅後，就以摩揭陀國首府王舍城爲中心，在威夏利等地紛紛有了敎團，在佛陀入滅後大約一百年，威夏利的敎團就搬出所謂「十事非法」，開始從主流派分離了出來。主流派好像以上座的長老爲主而擴大勢力。

在紀元前三世紀前後，阿育王統治摩揭陀國時代，努力護持佛敎，從此以後，佛敎得以大力發展，以至超越了印度國境，延伸到國外去。依照錫蘭傳承巴利語的文獻記載，佛敎敎團得到阿育王的援助，在首都帕他利普特拉，以國師莫卡利普達爲上首，舉行了第三次結集。

上座部以佛敎敎團的正統派自居，在這裡團結一致，想以摩陀國爲中心，更進一步擴展自己的勢力。我們知道在現實上，上座部在印度內部沒有留存下什麼，反而大舉傳到錫蘭來，並在錫蘭王室的庇護下得以延續永久的法脈。

這裡有一項疑問留下來，那就是以佛敎正統派自居的上座部，何以會在印度沒有留下任何勢力呢？我們從桑吉的第二塔——屬於紀元前二世紀，和盎德爾第二塔——在桑吉附近中發現了莫卡利普達（Mogaliputa）這位聖者的舍利，依照錫蘭傳承獲悉莫卡利普達被阿育王奉爲國師，而他正是桑吉敎團的長老。

又有阿育王的兒子名叫馬錫達（Mahinda）在錫蘭宣揚上座部佛敎，據說馬錫達是阿育王和威德莎（Vedisa 現今的Bilsa，距離桑吉東北十公里處）一位長者的女兒所生的孩子，而意味他出身桑吉這個地方。這件事意味桑吉這裡的上座部教團渡海來錫蘭。但是，錫蘭僧衆一向重視傳承，他們認爲正統佛教應該是出自佛教發源地的摩揭陀國，爲了主張自己的佛教直接從那裡傳到錫蘭來，所以，所有傳承要跟摩揭陀國的阿育王周邊結合，便以莫卡利普達爲國師，而完成上述那種第三結集的傳說了。

我們知道阿育王的兒子馬錫達將這一套教學傳到了錫蘭。據悉現在上座部的聖典語言——巴利語中含有印度西部的語言特徵，而我們不妨說這種事實足以證明上座部佛教起源於印度西部。由此可見，上座部佛教在印度本土沒有留存的理由了。換句話說，第三結集的結果，表面上正統派上座部大概產生團結一致的認知。不過在事實上只不過是各個地方教團的拼湊組合罷了，逐漸在分散，最後成了桑吉方面的一個教團。

不過，必須指出的事實是，這個教團從印度社會的條件與佛教教團內部事情中遊離出來。說得徹底一些，印度社會容忍和認同喀斯特（種姓）制度，而佛教卻否定喀斯特制度，兩者觀念完全相反。那就是說，佛教信徒縱使爲印度社會的一員，那只是個人的事，所以，佛教卻不曾定著於印度社會中的意思。因此，帶著教團也可能遷移到其他地方去。

依照北傳資料說，阿育王的國師優波麴多（Upagupta）站在指導地位而奉崇的說一切有部，起先佔據馬德拉（Mathurā）地方，但以後搬到喀什米爾地方去，紀元二世紀在貴霜帝國的迦膩色迦王統治下昌盛起來。依我看，這支部派從馬德拉搬到喀什米爾地方也是一樣的事情。

由此看來，我們知道佛教教團沒有定著在印度社會，也就是遊離的緣故，雖然上座部佛教一面以佛教正統自居，但一面也不得不消失於印度本土了。還有教團的組成核心是比丘，而他們有半數以上出身婆羅門階級，且許多領袖都不是正統婆羅門家系的出身者，連阿育王眼中的國師莫卡利普達也不例外，他是婆羅門喀斯特者和原住民一位女性結合生下的混血者，而這種事實當然使人想到佛教教團的成員，與印度社會結合的情形。

佛教教團中吸入印度社會的生活習慣或想法，雖然說佛教教團的動向跟本來的意圖背道而馳，殊不知這是當然的結果。例如佛教的宇宙論，就整體而言屬於佛教的結構，其實，它的大部份結構要素都是印度世界的產物。在佛教裡，宇宙叫做

「三界」。那是說，宇宙由下而上，分成欲界、色界和無色界三層。欲界意指「有慾望者的世界」（Kāmadhātu），而它又由下而上，通常可以列舉地獄、餓鬼、畜生、阿修羅、人間和天上等六種。即俗稱「六道」或「六趣」也。

在此所謂「道」或「趣」者，就是卡特（gati）的音譯字，意指「必須前往之處」或「應赴的境遇」也。那是說，依照輪迴說，世人依照生存時所造的善惡，死後應該再生的境界。其中，地獄雖非印度世界的產物，卻是印度文化的繼承，而餓鬼與阿修羅則爲印度世界的產物。

人間界之上有天上界，而它也由下而上，分別存在⑴四天王天，⑵三十三天，⑶夜摩天，⑷兜率天，⑸化樂天，⑹他化自在天等六天。欲界的六天叫做六欲天。這些六欲天的⑵與⑶是吠陀神話的產物。而⑴、⑷與⑸是印度敎神話的產物，那麼，剩下只有⑹才是佛敎徒獨有的觀念了。

至於造成人間界的須彌四洲，或四天下說，顯然是印度敎的產物。那是說，中央有須彌山，而四方鹹海中存在我們居住的南瞻部洲（Jambudvipa）等四洲，鹹海周圍有所謂鐵圍山這種世界觀，以『摩訶婆羅多』爲首的普拉那文獻記載詳盡，而佛敎徒只不過採用原來內容而已。

欲界之上有色界，Rūpadhātu（物質界），再上面有所謂無色界Ārūpyadhātu（超越物質的世界），雖然它是佛敎宇宙論的產物，但以色界爲首的三天（梵衆天、梵輔天、大梵夫）是普拉夫瑪神，及其眷屬所控制的天，亦爲印度世界的產物。由此看來，佛敎宇宙論是以印度世界的產物爲核心而組成的內容。

結果，密敎曼荼羅所謂天部，全部屬於印度敎的神，尤其跟日本民間信仰結合，之後被人禮拜的諸尊，例如紫又的帝釋天，江之島的弁才天、生駒的聖天等統統都是來自印度敎諸神。

自從阿育王時代以後，佛敎的開展形形色色。說一切有部分成經量部、根本說一切有部等十幾派。但到後代上有根本說一切有部才發展成一股龐大勢力。從紀元前一世紀前後開始，以印度西北部爲中心而展開出來的大乘佛敎，企圖補充和擴大原始佛敎的敎說，想在宗敎上有所成就，想以佛敎的名義形成信仰與倫理結合的宗敎。因此，我們知道大乘佛敎以新興神話的面孔，讓報身佛與應身佛出現，而開展一種新敎說性質的利他說，再以新宗敎倫理的角色叙述六波羅蜜，又以新宗敎思想的面孔而生出「空」的思想了。

然而，時代日新月異，印度的思考方法（分類主義、列舉主義）惹出了禍，他們的教學跟阿修拉嘛那種婆羅門的思考遊戲一樣，使清新的創造生命逐漸消失，以至使大乘佛教的教學歸納於許多註釋與解說方面了。其中以淨土教的救濟思想呈現某種特異的姿態，受到西亞一帶的一神教影響，在佛教中導致新宗教思想的到來。

在大乘佛教教學的枯渴化，乃至僵硬化過程中，當然會使密教——在宗教上強調現實與實踐的層面——逐漸抬頭了。在此所謂現實與實踐層面，必然跟印度社會那種佛教教團的存在有關係，它意味一種情形——不能忽視女尼或信徒的現實生活。關於這一點，不妨舉出一例來說明。

在初期的律文獻記載有關毒蛇害人的記錄與護身呪。原來，印度毒蛇咬傷人的記錄，一年大約有一萬人或一萬五千人的死亡例子。因此，古代社會的生活條件遠比近來更惡劣，那麼，被毒蛇傷害的慘重情狀令人很難想像。幸好那裡出現一種蛇的天敵，就是孔雀。孔雀在印度社會廣受一般人的禮拜，因爲牠以村落鎮守神（grāmadevtā）的身份存在居民的心目中。

在佛教諸神中有一位孔雀明王（這是孔雀被女性神格化的名稱），他的呪文成了治療毒蛇咬傷人的妙藥，有些經典編輯就以那種呪文爲骨幹。現存的梵文原典叫做『瑪哈瑪由利』（Mahāmāyūri），漢譯方面有鳩摩羅什（五世紀初）譯『孔雀王呪經』等四種。若讀到這些經典，可見不止於毒蛇咬傷而已，連帶種種發燒、腫瘍、身體各部疼痛，以及其他疾病等，幾乎所有病例都包括在內，表示孔雀明王的呪文對這些都有醫治效果，信徒還認爲它能鎮壓不良天氣，除去恐怖、怨敵和一切災害。從此出現一種所謂孔雀明王經法的修法現象，那就是以孔雀明王爲本尊，用來鎮壓天變怪異、祈禱本尊退散一切病魔、平安生產、息災得福。

孔雀明王經法在信徒心目中成了密敎四個大法之一，早在日本平安朝時代就非常盛行，在東寺的長者和仁和寺宮許可下，而成了眞言密敎的重要修法。

在六、七世紀前後，印度確立密敎的教學體系，而編述了以下兩部密敎大經——㈠是『大日經』：代表密敎的理論層面（敎相），㈡是『金剛頂經』：代表密敎的實際層面（事相）。其中，左道密敎屬於『金剛頂經』，它深深受到印度敎夏庫特禮拜的影響。尤其，這個系統的『理趣經』是肯定愛慾，說明男女性愛結合的一種宗敎，那是說，性行爲被看作肉體及精神性的救濟手段，所謂「大樂」（mahāsukha）這個字，意味性愛的高潮，乃是密敎神秘思想的核心，甚至在密敎教學方面，意味跟絕對者交相融合，也就是所謂「解脫」這種大樂之意。

事實上，性在印度社會不是禁忌，一方面像『卡瑪斯特拉』等一連串卡瑪夏斯特拉文獻，都在說明性愛技巧，被當作科學一樣很發達；另一方面在寺院、祠堂雕刻上出現不少米特那（mithuna）像，公開展現男女交歡的赤裸裸姿態。因此，因印度土壤是性神秘說耕耘之處，而佛教生長於這樣的社會背景下，尤其民族性要素強烈的密教，根本不可能脫離印度教的性的神秘說所束縛。「大樂」這個字成爲密教神秘思想的核心，我們知道像『理趣經』那種肯定愛慾的經典，它生長的地盤早就在佛教中被培養出來了，而佛教又是生長於印度社會中……。

四、佛教與印度教的調和

由此看來，佛教裡面的印度性要素，實在多得不勝枚舉。同時在佛教中跟印度教禮拜的調和也有不少存在佛教的禮拜中。誠如上述，佛教拜天的習慣，就表示佛教與印度教的調和，禮拜孔雀明王等「明王」現象也如此。在此，不妨列舉調和的例子來說明，那就是禮拜觀世音菩薩這種現世利益的身像。

觀世音菩薩簡稱作觀音，特別在日本以現世利益的身像而廣受世人尊敬。儘管這樣，也有非常多的種別，甚至各個種別都呈現特別姿態的形像。那麼，爲什麼會變成這樣呢？我們不妨看一下觀音身像的開展情狀，起初有所謂觀音這種現世利益的身像存在，基於信徒對他懷抱的願望，就有許許多多不同種類，且全憑自己的方便祈願來決定。因此，觀音的身像是爲了滿足信徒的願望而現出千差萬別，若依照『觀音經』的記載，就有三十三種變身來引導衆生，其實，這樣數量和類別還不夠，所謂觀音的身像，係爲了應付種種功德而必須採取不同的身像。

先從莎達姆卡（Samanta－mukha）「朝向所有方位的身像」這項綽號來看，就會現出十一面觀音了。那是說，本來的觀音像跟頭上的十一面合起來，就有了十一面的姿態像貌。頭上十面表現十方，而這種根據是由於印度的一切方位，在具體上說，是用「十方」來表示（即四方與四維，以及上下，合稱爲十方）。不過，由於信徒的願望又一再擴大和上升，若是面向各個方位，光有十一面觀音不能滿足，於是又出現「如意輪觀音」的名號，意指不論去哪裡，都能有觀音來，彷彿車輪不論怎麼行轉，即隨心所欲去哪裡，都有觀音出來救渡衆生的意思。

無奈，信徒的願望愈來愈多，連十一面觀音和如意輪觀音都覺得不夠，印度教便創造出一種具有原形的千手觀音了。但若依照經典的記載來說，千手觀音詳稱千手千眼，也稱爲千眼千臂、身體上有千隻手腕，而各個手掌上有一隻眼睛，千手的意思是要救渡衆生，而千眼是爲了要照料衆生。

所謂千手千眼的意思，是具體地把千眼千手的觀音救渡表現出來，縱使一個人也盼望得有許多位觀音來救渡，顯然是將信徒的願望具體化起來。

千手的姿勢，通常把千手放在背上成了揹負的形狀，但前面用雙臂合掌，用四臂表示合掌與定印，左右各有二十一隻（合計四十二隻）手臂，和其餘數百隻小手形成這種姿態。雖然，四十二隻手臂上各自拿著東西，但都不離觀音的象徵信物。

例如，有各種蓮華（紅蓮華、白蓮華、青蓮華等），替衆生驅散怨敵所用的武器（劍、弓、箭、金剛杵等），施惠給衆生的象徵物——水瓶、印德拉神的武器——金剛杵、印度敎西瓦神的象徵物髑髏，同樣威休奴神的各種寶螺貝，觀音手上這些東西都在表示多層信仰的痕跡。

再說千眼這個名稱，原來屬於印德拉神的渾名，以後才成了威休奴神的稱呼。至於印德拉神所以擁有「千眼」這個渾名，則有下面一段神話。印德拉是一位威武勇敢的軍神，奈因英雄好色，他竟敢勾引卡武塔瑪仙的妻子——阿哈利亞，卡武塔瑪仙非常憤怒，就呪詛了印德拉，而使印德拉的身上出現一千個女人陰部的記號。印德拉困惑之餘，只好祈求卡武塔瑪仙人寬恕他，仙人允諾後，就以一千個女人的陰部記號當作印德拉的眼睛。因此，印德拉神從此被人叫做「有千眼的神」了。由此看來，調和的痕跡也歷歷在目，清楚得很。

還有馬頭觀音、不空羂索觀音、准提觀音也起源於印度教。此外，起源於印度教的觀音也有一些，但我們不妨深究一下三十三觀音之一的青頸觀音。所謂青頸，就是尼拉肯達（nila－kaṇtha）「有青色頸部者」的譯語。而尼拉肯達原來屬於西瓦神的綽號之一，之後，西瓦神被納入佛教裡，當作一種觀音而被信徒祀奉了。

然而，青頸觀音由於『青頸觀自在菩薩心陀羅尼經』，而有了三個臉，正面表示慈悲溫和，右面是獅子面，左面是豬面。有一種人獅具有人身和獅子臉，和野豬的情形等，都是上述威休奴神的權化，青頸觀音已經在此呈現調和的跡象。頭上戴著寶冠，冠上看得見化佛那副無量壽佛的姿態。至於四隻手臂是，右邊第一手臂持有杖形的矛，右邊第二手臂持有蓮華，左邊第一手臂持有輪子，左邊第二手臂持有螺貝。

誠如前述，蓮華是觀音的象徵，但是，其他杖形的矛、輪、螺貝等，都是威休奴神的持有物，從此也可以看到調和的跡象。不過經典記述「以虎皮爲裙，用黑鹿皮纏繞在左膊角上，用黑蛇覆蓋……」，這段話明顯將西瓦神的樣子忠忠實實的描述下來。那是說，在印度教藝術裡，曾用形形色色的姿勢來凸顯西瓦神，但他的基本特徵，則是披上虎皮，以蛇爲首飾。

西瓦神是苦行者之主，不時以苦行者的打扮呈現出來，經典上說「將黑鹿皮掛在左肩上」的姿態，正是這位苦行者的象徵。

西瓦神所以被稱作尼拉肯達（青頸），那是因爲他跟印度教神話中最著名那則「乳海攪拌」的神話有關連。那是說，太古時代諸神因爲得了不死的靈藥——阿姆利達（甘露），在攪混乳海時，諸神選拔曼得拉山爲攪拌用的棒子，而以龍王瓦斯基爲紐，纏繞著棒子，把紐的兩端交互地拉住來攪拌乳海。

這時候，諸神抓緊那隻被紐住的龍王之頭和尾巴，互相拉引之際，從龍王的頸部噴出像瀑布般的毒液，匯成大河，流入大地，由於毒液到處流動，致使神、人和所有動物全部要消滅的樣子。這時候，大家向西瓦神訴苦了，西瓦神聽到他們的埋怨傾訴，便吞下這些毒液，讓世界從破滅中得救了。然而，西瓦神的喉嚨因爲毒液發散而起了炎症，結果頸部留下青色的痕跡，從那以後，西瓦神才得到「青頸」的名號。

也許因爲這則神話的傳承殘餘下來，據說青頸觀音在一切衆生遭遇恐怖的災難時，只要肯誦唱其名號，就能倖免於苦難……。

從以上例子中，可知佛教徒禮拜對象的身像，在印度教如何調和的樣子，其次，不妨再追溯幾件例子，看看禮拜儀式的調和痕跡。在那種情況下，有不少內容也跟眞言密教的行法有關係。

首先提到眞言宗有一個名詞叫「眞言」，即是曼特拉（mantra）這個字的譯詞，原來指吠陀的詩頌、祈禱句子和呪文的意思，但密教卻意味著陀羅尼。陀羅尼是密教行法之際所誦唱的語句，依照原音的樣子唱出來。內容主要是祈請的句子，但在形式上分成五種：⑴擬聲音者，⑵簡單的動詞命令形者，⑶神佛之名，或異樣稱呼的語形者，⑷還原在短文者，⑸重複種子者。由於神秘兮兮，意思微妙又深遠，所以無法翻譯出來。尤其以第⑶項有很多意思不明白之處。

必須要注意的是，唱誦這種陀羅尼的法式，等於傳承古印度呪法的形式。在印度，這種呪法即是祈禱與符咒之類，從老早以來就很發達了，例如『阿塔瓦＝吠陀』這部聖典，搜集了呪法中能被唱誦的祈禱文句和呪詛等呪文。『阿塔瓦＝吠陀』的呪法大體上分為兩大部分——⑴吉祥增益，⑵息災與攘災（調伏）。

但是，密教的呪法即是護摩的修法方面，又可以細分為四種法或五種法，甚至六種法，原則上，息災、增益和調伏等三法爲基本的東西，據悉它在基本上跟『阿塔瓦‖吠陀』完全相同。還有這裡所謂「護摩」，就是吠陀祭式之一——荷馬（homa）這個字的音譯。

將上供的東西丟入祭火中，他們相信祭火會把這些上供物品運送到天上諸神的地方，而這就是他們信仰的起點。

這種祭式在印度教裡得以繼承下來，後來被納入佛教裡，而今只模倣它的形式層面，就是把乳木這種樹木薄片丟進火裡，來進行祈禱的儀式。

還有藉護摩來祈禱的行者，一面口唱陀羅尼，一面手上結印，又採用鈷，其實，不論「印」或「鈷」都跟陀羅尼一樣是印度教的產物。現在先談談「印」吧，它叫做印相或印契，也是姆德拉（mudrā）字的譯語，原來指「封印」或「標識」的意思。在印度古典文藝裡，舉行宗教儀式時，普通採用手指的組合方式，而印等於這方面女四種的總稱。又在現代的印度舞蹈裡，也有幾種姆德拉表現花鳥等物。這些也都納入佛教裡，信徒把這個看作佛菩薩覺悟，和誓願內容的象徵性表示。

例如，阿彌陀佛的定印，或大日如來的智拳印等都屬於前者，但是，施無畏印、安慰印、願印等屬於後者。在密教裡，行者結出與佛相同的印時，則表示他進入佛的開悟境界，能夠跟佛結成一體了。

再說「鈷」這個字，它淵源於吠陀神話一位威武軍神——印德拉的武器「瓦吉拉」，「瓦吉拉」通常被人譯作「金剛杵」，融入密教以後，便用在兩種意思方面。依據我們的了解，第一種解釋是，不動明王和密跡力士等所持的武器屬於這一類，用來從伐怨敵，再以修法道具「鈷」來抵抗惡魔。把手兩端有抓，由爪數來決定它是獨鈷、三鈷或五鈷，而一、三、五等數字都含有自己數學性的解釋。

「瓦吉拉」的第二種解釋是，意味「金剛石」的性質，「金剛」一字的譯詞是一種堅固事物的修飾詞。所謂金剛不壞、金剛心、金剛身或金剛智等密教名詞，全都屬於這方面的意義用語。

若看到密教經典有瓦吉拉達拉（vajradhara）們接連法座的記錄，那是指「手持瓦吉拉者」的意思，依據第一種解釋。漢譯通常翻譯成「持金剛」，但也有人說作執金剛神、金剛力士，或密跡力士等。他們分別站在佛的左右兩側，擔任護衛的角色。再看一下曼荼羅吧！金剛界有所謂什麼金剛之類的菩薩二十九尊，其實，金剛這個字在眞言密教裡是相當重要的名詞或術語。空海大師擁有遍照金剛這種稱號也是由來於此。

以上只能概述佛教與印度教的關係，尤其在印度社會中開展出來的佛教中也有印度教滲透的成份，且在佛教中也能發現些調和的事實。關於這一點，若要進一步詳談，恐怕要寫成大部頭書才行了。

到目前爲止，筆者對印度佛教的研究，也只能說佛教生長於印度，毫無顧慮指出它在印度社會中生長起來的事實，不過，問題也不是這樣簡單，關於這一點，只要掀開印度佛教開展史中任何一幕來討論，便不難明白大概情形。

結語

本書只是作者把「東洋學術研究」別冊上所寫的論文搜集，而後稍加補充的東西，詳情如下——

前篇　佛教的女性觀

第一章　「東洋學術研究」別冊（六）一九七五年十月

第二章　同上　一九七八年五月

後篇　佛典上的女性

第一章　同上（七）一九七九年五月

第二章　同上（十）一九七九年十月

前篇第三章「密教的女性觀」是此次新加進來的東西，但其中第一節是被收在「佛教聖典選」第七卷（一九七五年四月）『理趣經』「解題」的後半裡，第二節「女性禮拜」倒是這次才寫的。也許有些佛教學者看了會不高興，或發牢騷。其實，作者為了要讓大家明白「印度佛教在印度社會中開展」的事實，以及到今天還沒人對這種問題做過正面探討，我才敢執筆。作者為了要讓大家明白這個主張，才特地補充『佛教與印度教』這段附篇，而這也是刊載於「東洋學術研究」別冊（四）（一九七六年十月）的東西。

當年，作者寫作『佛教入門』時，有過一章「佛教與性」。敘述佛教的女性觀，其中有「女尼教團的成立」和「某位女尼的生涯」等節，但本書沒有提到它。有人認為以往佛教入門書不曾提到的問題，即佛教怎樣處理人類根本慾望的性慾問題，總算有人開始探究了，其實作者只想探究真情實狀，至於有沒有人認同作者提出的事實，那就不得而知了。

岩本　裕

作者簡介　岩本　裕

一九一〇年生於日本愛媛縣，一九三三年，畢業於京都大學文學部梵語梵文學科，現任創價大學特任教授，文學博士，專攻印度學。

著作有『印度文化史的課題』、『印度史』、『佛教入門』、『日常佛教語』、『印度佛教與法華經』、『佛教說話研究』（共有五冊）、『佛教事典』等。

譯作有『印度童話集』、『法華經』（全三冊）、『佛教聖典選』（全七冊），以及其他梵文佛典等。

譯者簡介　劉欣如

台灣新竹人，曾任新竹福嚴佛學院，現任美國佛教弘法中心編輯，及加州工商大學佛學研討會主任。佛教著作、譯作頗多，也在台灣出版，且在各大書店均有出售。

著作有『佛法難學嗎』、『佛法實用嗎』、『佛法殊勝嗎』、『行住坐臥有佛法』、『起心動念是佛法』、『金剛經的生活智慧』等。

譯作有『佛教與儒教』、『佛教史入門』、『印度佛教思想史』等。

大展出版社有限公司　圖書目錄

地址：台北市北投區(石牌)
致遠一路二段12巷1號郵撥：0166955～1電話：(02)28236031　28236033傳真：(02)28272069

・法律專欄連載・電腦編號58

台大法學院　法律學系／策劃
法律服務社／編著

1. 別讓您的權利睡著了 1　200元
2. 別讓您的權利睡著了 2　200元

・秘傳占卜系列・電腦編號14

1.	手相術	淺野八郎著	180元
2.	人相術	淺野八郎著	150元
3.	西洋占星術	淺野八郎著	180元
4.	中國神奇占卜	淺野八郎著	150元
5.	夢判斷	淺野八郎著	150元
6.	前世、來世占卜	淺野八郎著	150元
7.	法國式血型學	淺野八郎著	150元
8.	靈感、符咒學	淺野八郎著	150元
9.	紙牌占卜學	淺野八郎著	150元
10.	ESP超能力占卜	淺野八郎著	150元
11.	猶太數的秘術	淺野八郎著	150元
12.	新心理測驗	淺野八郎著	160元
13.	塔羅牌預言秘法	淺野八郎著	200元

・趣味心理講座・電腦編號15

1.	性格測驗① 探索男與女	淺野八郎著	140元
2.	性格測驗② 透視人心奧秘	淺野八郎著	140元
3.	性格測驗③ 發現陌生的自己	淺野八郎著	140元
4.	性格測驗④ 發現你的真面目	淺野八郎著	140元
5.	性格測驗⑤ 讓你們吃驚	淺野八郎著	140元
6.	性格測驗⑥ 洞穿心理盲點	淺野八郎著	140元
7.	性格測驗⑦ 探索對方心理	淺野八郎著	140元
8.	性格測驗⑧ 由吃認識自己	淺野八郎著	160元
9.	性格測驗⑨ 戀愛知多少	淺野八郎著	160元
10.	性格測驗⑩ 由裝扮瞭解人心	淺野八郎著	160元

11. 性格測驗⑪ 敲開內心玄機	淺野八郎著	140 元
12. 性格測驗⑫ 透視你的未來	淺野八郎著	160 元
13. 血型與你的一生	淺野八郎著	160 元
14. 趣味推理遊戲	淺野八郎著	160 元
15. 行為語言解析	淺野八郎著	160 元

・婦 幼 天 地・電腦編號 16

1. 八萬人減肥成果	黃靜香譯	180 元
2. 三分鐘減肥體操	楊鴻儒譯	150 元
3. 窈窕淑女美髮秘訣	柯素娥譯	130 元
4. 使妳更迷人	成　玉譯	130 元
5. 女性的更年期	官舒妍編譯	160 元
6. 胎內育兒法	李玉瓊編譯	150 元
7. 早產兒袋鼠式護理	唐岱蘭譯	200 元
8. 初次懷孕與生產	婦幼天地編譯組	180 元
9. 初次育兒 12 個月	婦幼天地編譯組	180 元
10. 斷乳食與幼兒食	婦幼天地編譯組	180 元
11. 培養幼兒能力與性向	婦幼天地編譯組	180 元
12. 培養幼兒創造力的玩具與遊戲	婦幼天地編譯組	180 元
13. 幼兒的症狀與疾病	婦幼天地編譯組	180 元
14. 腿部苗條健美法	婦幼天地編譯組	180 元
15. 女性腰痛別忽視	婦幼天地編譯組	150 元
16. 舒展身心體操術	李玉瓊編譯	130 元
17. 三分鐘臉部體操	趙薇妮著	160 元
18. 生動的笑容表情術	趙薇妮著	160 元
19. 心曠神怡減肥法	川津祐介著	130 元
20. 內衣使妳更美麗	陳玄茹譯	130 元
21. 瑜伽美姿美容	黃靜香編著	180 元
22. 高雅女性裝扮學	陳珮玲譯	180 元
23. 蠶糞肌膚美顏法	坂梨秀子著	160 元
24. 認識妳的身體	李玉瓊譯	160 元
25. 產後恢復苗條體態	居理安・芙萊喬著	200 元
26. 正確護髮美容法	山崎伊久江著	180 元
27. 安琪拉美姿養生學	安琪拉蘭斯博瑞著	180 元
28. 女體性醫學剖析	增田豐著	220 元
29. 懷孕與生產剖析	岡部綾子著	180 元
30. 斷奶後的健康育兒	東城百合子著	220 元
31. 引出孩子幹勁的責罵藝術	多湖輝著	170 元
32. 培養孩子獨立的藝術	多湖輝著	170 元
33. 子宮肌瘤與卵巢囊腫	陳秀琳編著	180 元
34. 下半身減肥法	納他夏・史達賓著	180 元
35. 女性自然美容法	吳雅菁編著	180 元
36. 再也不發胖	池園悅太郎著	170 元

37. 生男生女控制術	中垣勝裕著	220 元
38. 使妳的肌膚更亮麗	楊　皓編著	170 元
39. 臉部輪廓變美	芝崎義夫著	180 元
40. 斑點、皺紋自己治療	高須克彌著	180 元
41. 面皰自己治療	伊藤雄康著	180 元
42. 隨心所欲瘦身冥想法	原久子著	180 元
43. 胎兒革命	鈴木丈織著	180 元
44. NS 磁氣平衡法塑造窈窕奇蹟	古屋和江著	180 元
45. 享瘦從腳開始	山田陽子著	180 元
46. 小改變瘦 4 公斤	宮本裕子著	180 元
47. 軟管減肥瘦身	高橋輝男著	180 元
48. 海藻精神秘美容法	劉名揚編著	180 元
49. 肌膚保養與脫毛	鈴木真理著	180 元
50. 10 天減肥 3 公斤	彤雲編輯組	180 元
51. 穿出自己的品味	西村玲子著	280 元

・青 春 天 地・電腦編號 17

1. A 血型與星座	柯素娥編譯	160 元
2. B 血型與星座	柯素娥編譯	160 元
3. O 血型與星座	柯素娥編譯	160 元
4. AB 血型與星座	柯素娥編譯	120 元
5. 青春期性教室	呂貴嵐編譯	130 元
6. 事半功倍讀書法	王毅希編譯	150 元
7. 難解數學破題	宋釗宜編譯	130 元
9. 小論文寫作秘訣	林顯茂編譯	120 元
11. 中學生野外遊戲	熊谷康編著	120 元
12. 恐怖極短篇	柯素娥編譯	130 元
13. 恐怖夜話	小毛驢編譯	130 元
14. 恐怖幽默短篇	小毛驢編譯	120 元
15. 黑色幽默短篇	小毛驢編譯	120 元
16. 靈異怪談	小毛驢編譯	130 元
17. 錯覺遊戲	小毛驢編著	130 元
18. 整人遊戲	小毛驢編著	150 元
19. 有趣的超常識	柯素娥編譯	130 元
20. 哦！原來如此	林慶旺編譯	130 元
21. 趣味競賽 100 種	劉名揚編譯	120 元
22. 數學謎題入門	宋釗宜編譯	150 元
23. 數學謎題解析	宋釗宜編譯	150 元
24. 透視男女心理	林慶旺編譯	120 元
25. 少女情懷的自白	李桂蘭編譯	120 元
26. 由兄弟姊妹看命運	李玉瓊編譯	130 元
27. 趣味的科學魔術	林慶旺編譯	150 元
28. 趣味的心理實驗室	李燕玲編譯	150 元

29. 愛與性心理測驗	小毛驢編譯	130 元
30. 刑案推理解謎	小毛驢編譯	130 元
31. 偵探常識推理	小毛驢編譯	130 元
32. 偵探常識解謎	小毛驢編譯	130 元
33. 偵探推理遊戲	小毛驢編譯	130 元
34. 趣味的超魔術	廖玉山編著	150 元
35. 趣味的珍奇發明	柯素娥編著	150 元
36. 登山用具與技巧	陳瑞菊編著	150 元
37. 性的漫談	蘇燕謀編著	180 元
38. 無的漫談	蘇燕謀編著	180 元
39. 黑色漫談	蘇燕謀編著	180 元
40. 白色漫談	蘇燕謀編著	180 元

・健 康 天 地・電腦編號 18

1. 壓力的預防與治療	柯素娥編譯	130 元
2. 超科學氣的魔力	柯素娥編譯	130 元
3. 尿療法治病的神奇	中尾良一著	130 元
4. 鐵證如山的尿療法奇蹟	廖玉山譯	120 元
5. 一日斷食健康法	葉慈容編譯	150 元
6. 胃部強健法	陳炳崑譯	120 元
7. 癌症早期檢查法	廖松濤譯	160 元
8. 老人痴呆症防止法	柯素娥編譯	130 元
9. 松葉汁健康飲料	陳麗芬編譯	130 元
10. 揉肚臍健康法	永井秋夫著	150 元
11. 過勞死、猝死的預防	卓秀貞編譯	130 元
12. 高血壓治療與飲食	藤山順豐著	150 元
13. 老人看護指南	柯素娥編譯	150 元
14. 美容外科淺談	楊啟宏著	150 元
15. 美容外科新境界	楊啟宏著	150 元
16. 鹽是天然的醫生	西英司郎著	140 元
17. 年輕十歲不是夢	梁瑞麟譯	200 元
18. 茶料理治百病	桑野和民著	180 元
19. 綠茶治病寶典	桑野和民著	150 元
20. 杜仲茶養顏減肥法	西田博著	150 元
21. 蜂膠驚人療效	瀨長良三郎著	180 元
22. 蜂膠治百病	瀨長良三郎著	180 元
23. 醫藥與生活(一)	鄭炳全著	180 元
24. 鈣長生寶典	落合敏著	180 元
25. 大蒜長生寶典	木下繁太郎著	160 元
26. 居家自我健康檢查	石川恭三著	160 元
27. 永恆的健康人生	李秀鈴譯	200 元
28. 大豆卵磷脂長生寶典	劉雪卿譯	150 元
29. 芳香療法	梁艾琳譯	160 元

30. 醋長生寶典	柯素娥譯	180 元
31. 從星座透視健康	席拉・吉蒂斯著	180 元
32. 愉悅自在保健學	野本二士夫著	160 元
33. 裸睡健康法	丸山淳士等著	160 元
34. 糖尿病預防與治療	藤田順豐著	180 元
35. 維他命長生寶典	菅原明子著	180 元
36. 維他命 C 新效果	鐘文訓編	150 元
37. 手、腳病理按摩	堤芳朗著	160 元
38. AIDS 瞭解與預防	彼得塔歇爾著	180 元
39. 甲殼質殼聚糖健康法	沈永嘉譯	160 元
40. 神經痛預防與治療	木下真男著	160 元
41. 室內身體鍛鍊法	陳炳崑編著	160 元
42. 吃出健康藥膳	劉大器編著	180 元
43. 自我指壓術	蘇燕謀編著	160 元
44. 紅蘿蔔汁斷食療法	李玉瓊編著	150 元
45. 洗心術健康秘法	竺翠萍編譯	170 元
46. 枇杷葉健康療法	柯素娥編譯	180 元
47. 抗衰血癒	楊啟宏著	180 元
48. 與癌搏鬥記	逸見政孝著	180 元
49. 冬蟲夏草長生寶典	高橋義博著	170 元
50. 痔瘡・大腸疾病先端療法	宮島伸宜著	180 元
51. 膠布治癒頑固慢性病	加瀨建造著	180 元
52. 芝麻神奇健康法	小林貞作著	170 元
53. 香煙能防止癡呆？	高田明和著	180 元
54. 穀菜食治癌療法	佐藤成志著	180 元
55. 貼藥健康法	松原英多著	180 元
56. 克服癌症調和道呼吸法	帶津良一著	180 元
57. B 型肝炎預防與治療	野村喜重郎著	180 元
58. 青春永駐養生導引術	早島正雄著	180 元
59. 改變呼吸法創造健康	原久子著	180 元
60. 荷爾蒙平衡養生秘訣	出村博著	180 元
61. 水美肌健康法	井戶勝富著	170 元
62. 認識食物掌握健康	廖梅珠編著	170 元
63. 痛風劇痛消除法	鈴木吉彥著	180 元
64. 酸莖菌驚人療效	上田明彥著	180 元
65. 大豆卵磷脂治現代病	神津健一著	200 元
66. 時辰療法—危險時刻凌晨 4 時	呂建強等著	180 元
67. 自然治癒力提升法	帶津良一著	180 元
68. 巧妙的氣保健法	藤平墨子著	180 元
69. 治癒 C 型肝炎	熊田博光著	180 元
70. 肝臟病預防與治療	劉名揚編著	180 元
71. 腰痛平衡療法	荒井政信著	180 元
72. 根治多汗症、狐臭	稻葉益巳著	220 元
73. 40 歲以後的骨質疏鬆症	沈永嘉譯	180 元

74. 認識中藥	松下一成著	180 元
75. 認識氣的科學	佐佐木茂美著	180 元
76. 我戰勝了癌症	安田伸著	180 元
77. 斑點是身心的危險信號	中野進著	180 元
78. 艾波拉病毒大震撼	玉川重德著	180 元
79. 重新還我黑髮	桑名隆一郎著	180 元
80. 身體節律與健康	林博史著	180 元
81. 生薑治萬病	石原結實著	180 元
82. 靈芝治百病	陳瑞東著	180 元
83. 木炭驚人的威力	大槻彰著	200 元
84. 認識活性氧	井土貴司著	180 元
85. 深海鮫治百病	廖玉山編著	180 元
86. 神奇的蜂王乳	井上丹治著	180 元
87. 卡拉 OK 健腦法	東潔著	180 元
88. 卡拉 OK 健康法	福田伴男著	180 元
89. 醫藥與生活(二)	鄭炳全著	200 元
90. 洋蔥治百病	宮尾興平著	180 元
91. 年輕 10 歲快步健康法	石塚忠雄著	180 元
92. 石榴的驚人神效	岡本順子著	180 元
93. 飲料健康法	白鳥早奈英著	180 元
94. 健康棒體操	劉名揚編譯	180 元
95. 催眠健康法	蕭京凌編著	180 元

・實用女性學講座・電腦編號 19

1. 解讀女性內心世界	島田一男著	150 元
2. 塑造成熟的女性	島田一男著	150 元
3. 女性整體裝扮學	黃靜香編著	180 元
4. 女性應對禮儀	黃靜香編著	180 元
5. 女性婚前必修	小野十傳著	200 元
6. 徹底瞭解女人	田口二州著	180 元
7. 拆穿女性謊言 88 招	島田一男著	200 元
8. 解讀女人心	島田一男著	200 元
9. 俘獲女性絕招	志賀貢著	200 元
10. 愛情的壓力解套	中村理英子著	200 元
11. 妳是人見人愛的女孩	廖松濤編著	200 元

・校園系列・電腦編號 20

1. 讀書集中術	多湖輝著	150 元
2. 應考的訣竅	多湖輝著	150 元
3. 輕鬆讀書贏得聯考	多湖輝著	150 元
4. 讀書記憶秘訣	多湖輝著	150 元

5. 視力恢復！超速讀術	江錦雲譯	180 元
6. 讀書 36 計	黃柏松編著	180 元
7. 驚人的速讀術	鐘文訓編著	170 元
8. 學生課業輔導良方	多湖輝著	180 元
9. 超速讀超記憶法	廖松濤編著	180 元
10. 速算解題技巧	宋釗宜編著	200 元
11. 看圖學英文	陳炳崑編著	200 元
12. 讓孩子最喜歡數學	沈永嘉譯	180 元
13. 催眠記憶術	林碧清譯	180 元

・實用心理學講座・電腦編號 21

1. 拆穿欺騙伎倆	多湖輝著	140 元
2. 創造好構想	多湖輝著	140 元
3. 面對面心理術	多湖輝著	160 元
4. 偽裝心理術	多湖輝著	140 元
5. 透視人性弱點	多湖輝著	140 元
6. 自我表現術	多湖輝著	180 元
7. 不可思議的人性心理	多湖輝著	180 元
8. 催眠術入門	多湖輝著	150 元
9. 責罵部屬的藝術	多湖輝著	150 元
10. 精神力	多湖輝著	150 元
11. 厚黑說服術	多湖輝著	150 元
12. 集中力	多湖輝著	150 元
13. 構想力	多湖輝著	150 元
14. 深層心理術	多湖輝著	160 元
15. 深層語言術	多湖輝著	160 元
16. 深層說服術	多湖輝著	180 元
17. 掌握潛在心理	多湖輝著	160 元
18. 洞悉心理陷阱	多湖輝著	180 元
19. 解讀金錢心理	多湖輝著	180 元
20. 拆穿語言圈套	多湖輝著	180 元
21. 語言的內心玄機	多湖輝著	180 元
22. 積極力	多湖輝著	180 元

・超現實心理講座・電腦編號 22

1. 超意識覺醒法	詹蔚芬編譯	130 元
2. 護摩秘法與人生	劉名揚編譯	130 元
3. 秘法！超級仙術入門	陸明譯	150 元
4. 給地球人的訊息	柯素娥編著	150 元
5. 密教的神通力	劉名揚編著	130 元
6. 神秘奇妙的世界	平川陽一著	200 元

7. 地球文明的超革命	吳秋嬌譯	200元
8. 力量石的秘密	吳秋嬌譯	180元
9. 超能力的靈異世界	馬小莉譯	200元
10. 逃離地球毀滅的命運	吳秋嬌譯	200元
11. 宇宙與地球終結之謎	南山宏著	200元
12. 驚世奇功揭秘	傅起鳳著	200元
13. 啟發身心潛力心象訓練法	栗田昌裕著	180元
14. 仙道術遁甲法	高藤聰一郎著	220元
15. 神通力的秘密	中岡俊哉著	180元
16. 仙人成仙術	高藤聰一郎著	200元
17. 仙道符咒氣功法	高藤聰一郎著	220元
18. 仙道風水術尋龍法	高藤聰一郎著	200元
19. 仙道奇蹟超幻像	高藤聰一郎著	200元
20. 仙道鍊金術房中法	高藤聰一郎著	200元
21. 奇蹟超醫療治癒難病	深野一幸著	220元
22. 揭開月球的神秘力量	超科學研究會	180元
23. 西藏密教奧義	高藤聰一郎著	250元
24. 改變你的夢術入門	高藤聰一郎著	250元

·養生保健· 電腦編號23

1. 醫療養生氣功	黃孝寬著	250元
2. 中國氣功圖譜	余功保著	230元
3. 少林醫療氣功精粹	井玉蘭著	250元
4. 龍形實用氣功	吳大才等著	220元
5. 魚戲增視強身氣功	宮 嬰著	220元
6. 嚴新氣功	前新培金著	250元
7. 道家玄牝氣功	張 章著	200元
8. 仙家秘傳袪病功	李遠國著	160元
9. 少林十大健身功	秦慶豐著	180元
10. 中國自控氣功	張明武著	250元
11. 醫療防癌氣功	黃孝寬著	250元
12. 醫療強身氣功	黃孝寬著	250元
13. 醫療點穴氣功	黃孝寬著	250元
14. 中國八卦如意功	趙維漢著	180元
15. 正宗馬禮堂養氣功	馬禮堂著	420元
16. 秘傳道家筋經內丹功	王慶餘著	280元
17. 三元開慧功	辛桂林著	250元
18. 防癌治癌新氣功	郭 林著	180元
19. 禪定與佛家氣功修煉	劉天君著	200元
20. 顛倒之術	梅自強著	360元
21. 簡明氣功辭典	吳家駿編	360元
22. 八卦三合功	張全亮著	230元
23. 朱砂掌健身養生功	楊永著	250元

24. 抗老功	陳九鶴著	230元
25. 意氣按穴排濁自療法	黃啟運編著	250元
26. 陳式太極拳養生功	陳正雷著	200元
27. 健身祛病小功法	王培生著	200元

·社會人智囊· 電腦編號 24

1. 糾紛談判術	清水增三著	160元
2. 創造關鍵術	淺野八郎著	150元
3. 觀人術	淺野八郎著	180元
4. 應急詭辯術	廖英迪編著	160元
5. 天才家學習術	木原武一著	160元
6. 貓型狗式鑑人術	淺野八郎著	180元
7. 逆轉運掌握術	淺野八郎著	180元
8. 人際圓融術	澀谷昌三著	160元
9. 解讀人心術	淺野八郎著	180元
10. 與上司水乳交融術	秋元隆司著	180元
11. 男女心態定律	小田晉著	180元
12. 幽默說話術	林振輝編著	200元
13. 人能信賴幾分	淺野八郎著	180元
14. 我一定能成功	李玉瓊譯	180元
15. 獻給青年的嘉言	陳蒼杰譯	180元
16. 知人、知面、知其心	林振輝編著	180元
17. 塑造堅強的個性	坂上肇著	180元
18. 為自己而活	佐藤綾子著	180元
19. 未來十年與愉快生活有約	船井幸雄著	180元
20. 超級銷售話術	杜秀卿譯	180元
21. 感性培育術	黃靜香編著	180元
22. 公司新鮮人的禮儀規範	蔡媛惠譯	180元
23. 傑出職員鍛鍊術	佐佐木正著	180元
24. 面談獲勝戰略	李芳黛譯	180元
25. 金玉良言撼人心	森純大著	180元
26. 男女幽默趣典	劉華亭編著	180元
27. 機智說話術	劉華亭編著	180元
28. 心理諮商室	柯素娥譯	180元
29. 如何在公司崢嶸頭角	佐佐木正著	180元
30. 機智應對術	李玉瓊編著	200元
31. 克服低潮良方	坂野雄二著	180元
32. 智慧型說話技巧	沈永嘉編著	180元
33. 記憶力、集中力增進術	廖松濤編著	180元
34. 女職員培育術	林慶旺編著	180元
35. 自我介紹與社交禮儀	柯素娥編著	180元
36. 積極生活創幸福	田中真澄著	180元
37. 妙點子超構想	多湖輝著	180元

38. 說 NO 的技巧	廖玉山編著	180 元
39. 一流說服力	李玉瓊編著	180 元
40. 般若心經成功哲學	陳鴻蘭編著	180 元
41. 訪問推銷術	黃靜香編著	180 元
42. 男性成功秘訣	陳蒼杰編著	180 元
43. 笑容、人際智商	宮川澄子著	180 元
44. 多湖輝的構想工作室	多湖輝著	200 元
45. 名人名語啟示錄	喬家楓著	180 元

・精 選 系 列・電腦編號 25

1. 毛澤東與鄧小平	渡邊利夫等著	280 元
2. 中國大崩裂	江戶介雄著	180 元
3. 台灣・亞洲奇蹟	上村幸治著	220 元
4. 7-ELEVEN 高盈收策略	國友隆一著	180 元
5. 台灣獨立（新・中國日本戰爭一）	森詠著	200 元
6. 迷失中國的末路	江戶雄介著	220 元
7. 2000 年 5 月全世界毀滅	紫藤甲子男著	180 元
8. 失去鄧小平的中國	小島朋之著	220 元
9. 世界史爭議性異人傳	桐生操著	200 元
10. 淨化心靈享人生	松濤弘道著	220 元
11. 人生心情診斷	賴藤和寬著	220 元
12. 中美大決戰	檜山良昭著	220 元
13. 黃昏帝國美國	莊雯琳譯	220 元
14. 兩岸衝突（新・中國日本戰爭二）	森詠著	220 元
15. 封鎖台灣（新・中國日本戰爭三）	森詠著	220 元
16. 中國分裂（新・中國日本戰爭四）	森詠著	220 元
17. 由女變男的我	虎井正衛著	200 元
18. 佛學的安心立命	松濤弘道著	220 元
19. 世界喪禮大觀	松濤弘道著	280 元

・運 動 遊 戲・電腦編號 26

1. 雙人運動	李玉瓊譯	160 元
2. 愉快的跳繩運動	廖玉山譯	180 元
3. 運動會項目精選	王佑京譯	150 元
4. 肋木運動	廖玉山譯	150 元
5. 測力運動	王佑宗譯	150 元
6. 游泳入門	唐桂萍編著	200 元

・休 閒 娛 樂・電腦編號 27

1. 海水魚飼養法	田中智浩著	300 元

2.	金魚飼養法	曾雪玫譯	250元
3.	熱門海水魚	毛利匡明著	480元
4.	愛犬的教養與訓練	池田好雄著	250元
5.	狗教養與疾病	杉浦哲著	220元
6.	小動物養育技巧	三上昇著	300元
20.	園藝植物管理	船越亮二著	220元

・銀髮族智慧學・電腦編號 28

1.	銀髮六十樂逍遙	多湖輝著	170元
2.	人生六十反年輕	多湖輝著	170元
3.	六十歲的決斷	多湖輝著	170元
4.	銀髮族健身指南	孫瑞台編著	250元

・飲 食 保 健・電腦編號 29

1.	自己製作健康茶	大海淳著	220元
2.	好吃、具藥效茶料理	德永睦子著	220元
3.	改善慢性病健康藥草茶	吳秋嬌譯	200元
4.	藥酒與健康果菜汁	成玉編著	250元
5.	家庭保健養生湯	馬汴梁編著	220元
6.	降低膽固醇的飲食	早川和志著	200元
7.	女性癌症的飲食	女子營養大學	280元
8.	痛風者的飲食	女子營養大學	280元
9.	貧血者的飲食	女子營養大學	280元
10.	高脂血症者的飲食	女子營養大學	280元
11.	男性癌症的飲食	女子營養大學	280元
12.	過敏者的飲食	女子營養大學	280元
13.	心臟病的飲食	女子營養大學	280元
14.	滋陰壯陽的飲食	王增著	220元

・家庭醫學保健・電腦編號 30

1.	女性醫學大全	雨森良彥著	380元
2.	初為人父育兒寶典	小瀧周曹著	220元
3.	性活力強健法	相建華著	220元
4.	30歲以上的懷孕與生產	李芳黛編著	220元
5.	舒適的女性更年期	野末悅子著	200元
6.	夫妻前戲的技巧	笠井寬司著	200元
7.	病理足穴按摩	金慧明著	220元
8.	爸爸的更年期	河野孝旺著	200元
9.	橡皮帶健康法	山田晶著	180元
10.	三十三天健美減肥	相建華等著	180元

11.男性健美入門	孫玉祿編著	180 元
12.強化肝臟秘訣	主婦の友社編	200 元
13.了解藥物副作用	張果馨譯	200 元
14.女性醫學小百科	松山榮吉著	200 元
15.左轉健康法	龜田修等著	200 元
16.實用天然藥物	鄭炳全編著	260 元
17.神秘無痛平衡療法	林宗駛著	180 元
18.膝蓋健康法	張果馨譯	180 元
19.針灸治百病	葛書翰著	250 元
20.異位性皮膚炎治癒法	吳秋嬌譯	220 元
21.禿髮白髮預防與治療	陳炳崑編著	180 元
22.埃及皇宮菜健康法	飯森薰著	200 元
23.肝臟病安心治療	上野幸久著	220 元
24.耳穴治百病	陳抗美等著	250 元
25.高效果指壓法	五十嵐康彥著	200 元
26.瘦水、胖水	鈴木園子著	200 元
27.手針新療法	朱振華著	200 元
28.香港腳預防與治療	劉小惠譯	200 元
29.智慧飲食吃出健康	柯富陽編著	200 元
30.牙齒保健法	廖玉山編著	200 元
31.恢復元氣養生食	張果馨譯	200 元
32.特效推拿按摩術	李玉田著	200 元
33.一週一次健康法	若狹真著	200 元
34.家常科學膳食	大塚滋著	220 元
35.夫妻們關心的男性不孕	原利夫著	220 元
36.自我瘦身美容	馬野詠子著	200 元
37.魔法姿勢益健康	五十嵐康彥著	200 元
38.眼病錘療法	馬栩周著	200 元
39.預防骨質疏鬆症	藤田拓男著	200 元
40.骨質增生效驗方	李吉茂編著	250 元
41.蕺菜健康法	小林正夫著	200 元
42.赧於啟齒的男性煩惱	增田豐著	220 元
43.簡易自我健康檢查	稻葉允著	250 元
44.實用花草健康法	友田純子著	200 元
45.神奇的手掌療法	日比野喬著	230 元
46.家庭式三大穴道療法	刑部忠和著	200 元
47.子宮癌、卵巢癌	岡島弘幸著	220 元
48.糖尿病機能性食品	劉雪卿編著	220 元
49.奇蹟活現經脈美容法	林振輝編譯	200 元
50.Super SEX	秋好憲一著	220 元
51.了解避孕丸	林玉佩譯	200 元

・超經營新智慧・電腦編號 31

1. 躍動的國家越南	林雅倩譯	250 元
2. 甦醒的小龍菲律賓	林雅倩譯	220 元
3. 中國的危機與商機	中江要介著	250 元
4. 在印度的成功智慧	山內利男著	220 元
5. 7-ELEVEN 大革命	村上豐道著	200 元
6. 業務員成功秘方	呂育清編著	200 元

・心靈雅集・電腦編號 00

1. 禪言佛語看人生	松濤弘道著	180 元
2. 禪密教的奧秘	葉逯謙譯	120 元
3. 觀音大法力	田口日勝著	120 元
4. 觀音法力的大功德	田口日勝著	120 元
5. 達摩禪 106 智慧	劉華亭編譯	220 元
6. 有趣的佛教研究	葉逯謙編譯	170 元
7. 夢的開運法	蕭京凌譯	130 元
8. 禪學智慧	柯素娥編譯	130 元
9. 女性佛教入門	許俐萍譯	110 元
10. 佛像小百科	心靈雅集編譯組	130 元
11. 佛教小百科趣談	心靈雅集編譯組	120 元
12. 佛教小百科漫談	心靈雅集編譯組	150 元
13. 佛教知識小百科	心靈雅集編譯組	150 元
14. 佛學名言智慧	松濤弘道著	220 元
15. 釋迦名言智慧	松濤弘道著	220 元
16. 活人禪	平田精耕著	120 元
17. 坐禪入門	柯素娥編譯	150 元
18. 現代禪悟	柯素娥編譯	130 元
19. 道元禪師語錄	心靈雅集編譯組	130 元
20. 佛學經典指南	心靈雅集編譯組	130 元
21. 何謂「生」阿含經	心靈雅集編譯組	150 元
22. 一切皆空　般若心經	心靈雅集編譯組	180 元
23. 超越迷惘　法句經	心靈雅集編譯組	130 元
24. 開拓宇宙觀　華嚴經	心靈雅集編譯組	180 元
25. 真實之道　法華經	心靈雅集編譯組	130 元
26. 自由自在　涅槃經	心靈雅集編譯組	130 元
27. 沈默的教示　維摩經	心靈雅集編譯組	150 元
28. 開通心眼　佛語佛戒	心靈雅集編譯組	130 元
29. 揭秘寶庫　密教經典	心靈雅集編譯組	180 元
30. 坐禪與養生	廖松濤譯	110 元
31. 釋尊十戒	柯素娥編譯	120 元
32. 佛法與神通	劉欣如編著	120 元

33. 悟（正法眼藏的世界）	柯素娥編譯	120 元
34. 只管打坐	劉欣如編著	120 元
35. 喬答摩・佛陀傳	劉欣如編著	120 元
36. 唐玄奘留學記	劉欣如編著	120 元
37. 佛教的人生觀	劉欣如編譯	110 元
38. 無門關(上卷)	心靈雅集編譯組	150 元
39. 無門關(下卷)	心靈雅集編譯組	150 元
40. 業的思想	劉欣如編著	130 元
41. 佛法難學嗎	劉欣如著	140 元
42. 佛法實用嗎	劉欣如著	140 元
43. 佛法殊勝嗎	劉欣如著	140 元
44. 因果報應法則	李常傳編	180 元
45. 佛教醫學的奧秘	劉欣如編著	150 元
46. 紅塵絕唱	海　若著	130 元
47. 佛教生活風情	洪丕謨、姜玉珍著	220 元
48. 行住坐臥有佛法	劉欣如著	160 元
49. 起心動念是佛法	劉欣如著	160 元
50. 四字禪語	曹洞宗青年會	200 元
51. 妙法蓮華經	劉欣如編著	160 元
52. 根本佛教與大乘佛教	葉作森編	180 元
53. 大乘佛經	定方晟著	180 元
54. 須彌山與極樂世界	定方晟著	180 元
55. 阿闍世的悟道	定方晟著	180 元
56. 金剛經的生活智慧	劉欣如著	180 元
57. 佛教與儒教	劉欣如編譯	180 元
58. 佛教史入門	劉欣如編譯	180 元
59. 印度佛教思想史	劉欣如編譯	200 元
60. 佛教與女姓	劉欣如編譯	180 元
61. 禪與人生	洪丕謨主編	260 元

・經 營 管 理・電腦編號 01

◎ 創新經營管理六十六大計(精)	蔡弘文編	780 元
1. 如何獲取生意情報	蘇燕謀譯	110 元
2. 經濟常識問答	蘇燕謀譯	130 元
4. 台灣商戰風雲錄	陳中雄著	120 元
5. 推銷大王秘錄	原一平著	180 元
6. 新創意・賺大錢	王家成譯	90 元
7. 工廠管理新手法	琪　輝著	120 元
10. 美國實業 24 小時	柯順隆譯	80 元
11. 撼動人心的推銷法	原一平著	150 元
12. 高竿經營法	蔡弘文編	120 元
13. 如何掌握顧客	柯順隆譯	150 元
17. 一流的管理	蔡弘文編	150 元

18.外國人看中韓經濟	劉華亭譯	150元
20.突破商場人際學	林振輝編著	90元
22.如何使女人打開錢包	林振輝編著	100元
24.小公司經營策略	王嘉誠著	160元
25.成功的會議技巧	鐘文訓編譯	100元
26.新時代老闆學	黃柏松編著	100元
27.如何創造商場智囊團	林振輝編譯	150元
28.十分鐘推銷術	林振輝編譯	180元
29.五分鐘育才	黃柏松編譯	100元
33.自我經濟學	廖松濤編譯	100元
34.一流的經營	陶田生編著	120元
35.女性職員管理術	王昭國編譯	120元
36.ＩＢＭ的人事管理	鐘文訓編譯	150元
37.現代電腦常識	王昭國編譯	150元
38.電腦管理的危機	鐘文訓編譯	120元
39.如何發揮廣告效果	王昭國編譯	150元
40.最新管理技巧	王昭國編譯	150元
41.一流推銷術	廖松濤編譯	150元
42.包裝與促銷技巧	王昭國編譯	130元
43.企業王國指揮塔	松下幸之助著	120元
44.企業精銳兵團	松下幸之助著	120元
45.企業人事管理	松下幸之助著	100元
46.華僑經商致富術	廖松濤編譯	130元
47.豐田式銷售技巧	廖松濤編譯	180元
48.如何掌握銷售技巧	王昭國編著	130元
50.洞燭機先的經營	鐘文訓編譯	150元
52.新世紀的服務業	鐘文訓編譯	100元
53.成功的領導者	廖松濤編譯	120元
54.女推銷員成功術	李玉瓊編譯	130元
55.ＩＢＭ人才培育術	鐘文訓編譯	100元
56.企業人自我突破法	黃琪輝編著	150元
58.財富開發術	蔡弘文編著	130元
59.成功的店舖設計	鐘文訓編著	150元
61.企管回春法	蔡弘文編著	130元
62.小企業經營指南	鐘文訓編譯	100元
63.商場致勝名言	鐘文訓編譯	150元
64.迎接商業新時代	廖松濤編譯	100元
66.新手股票投資入門	何朝乾編著	200元
67.上揚股與下跌股	何朝乾編譯	180元
68.股票速成學	何朝乾編譯	200元
69.理財與股票投資策略	黃俊豪編著	180元
70.黃金投資策略	黃俊豪編著	180元
71.厚黑管理學	廖松濤編譯	180元
72.股市致勝格言	呂梅莎編譯	180元

73. 透視西武集團	林谷燁編譯	150 元
76. 巡迴行銷術	陳蒼杰譯	150 元
77. 推銷的魔術	王嘉誠譯	120 元
78. 60 秒指導部屬	周蓮芬編譯	150 元
79. 精銳女推銷員特訓	李玉瓊編譯	130 元
80. 企劃、提案、報告圖表的技巧	鄭汶譯	180 元
81. 海外不動產投資	許達守編譯	150 元
82. 八百伴的世界策略	李玉瓊譯	150 元
83. 服務業品質管理	吳宜芬譯	180 元
84. 零庫存銷售	黃東謙編譯	150 元
85. 三分鐘推銷管理	劉名揚編譯	150 元
86. 推銷大王奮鬥史	原一平著	150 元
87. 豐田汽車的生產管理	林谷燁編譯	150 元

・成 功 寶 庫・電腦編號 02

1. 上班族交際術	江森滋著	100 元
2. 拍馬屁訣竅	廖玉山編譯	110 元
4. 聽話的藝術	歐陽輝編譯	110 元
9. 求職轉業成功術	陳義編著	110 元
10. 上班族禮儀	廖玉山編著	120 元
11. 接近心理學	李玉瓊編著	100 元
12. 創造自信的新人生	廖松濤編著	120 元
15. 神奇瞬間瞑想法	廖松濤編譯	100 元
16. 人生成功之鑰	楊意苓編著	150 元
19. 給企業人的諍言	鐘文訓編著	120 元
20. 企業家自律訓練法	陳義編譯	100 元
21. 上班族妖怪學	廖松濤編著	100 元
22. 猶太人縱橫世界的奇蹟	孟佑政編著	110 元
25. 你是上班族中強者	嚴思圖編著	100 元
30. 成功頓悟 100 則	蕭京凌編譯	130 元
32. 知性幽默	李玉瓊編譯	130 元
33. 熟記對方絕招	黃靜香編譯	100 元
37. 察言觀色的技巧	劉華亭編著	180 元
38. 一流領導力	施義彥編譯	120 元
40. 30 秒鐘推銷術	廖松濤編譯	150 元
41. 猶太成功商法	周蓮芬編譯	120 元
42. 尖端時代行銷策略	陳蒼杰編著	100 元
43. 顧客管理學	廖松濤編著	100 元
44. 如何使對方說 Yes	程羲編著	150 元
47. 上班族口才學	楊鴻儒譯	120 元
48. 上班族新鮮人須知	程羲編著	120 元
49. 如何左右逢源	程羲編著	130 元
50. 語言的心理戰	多湖輝著	130 元

55. 性惡企業管理學	陳蒼杰譯	130 元
56. 自我啟發 200 招	楊鴻儒編著	150 元
57. 做個傑出女職員	劉名揚編著	130 元
58. 靈活的集團營運術	楊鴻儒編著	120 元
60. 個案研究活用法	楊鴻儒編著	130 元
61. 企業教育訓練遊戲	楊鴻儒編著	120 元
62. 管理者的智慧	程義編譯	130 元
63. 做個佼佼管理者	馬筱莉編譯	130 元
67. 活用禪學於企業	柯素娥編譯	130 元
69. 幽默詭辯術	廖玉山編譯	150 元
70. 拿破崙智慧箴言	柯素娥編譯	130 元
71. 自我培育・超越	蕭京凌編譯	150 元
74. 時間即一切	沈永嘉編譯	130 元
75. 自我脫胎換骨	柯素娥譯	150 元
76. 贏在起跑點　人才培育鐵則	楊鴻儒編譯	150 元
77. 做一枚活棋	李玉瓊編譯	130 元
78. 面試成功戰略	柯素娥編譯	130 元
81. 瞬間攻破心防法	廖玉山編譯	120 元
82. 改變一生的名言	李玉瓊編譯	130 元
83. 性格性向創前程	楊鴻儒編譯	130 元
84. 訪問行銷新竅門	廖玉山編譯	150 元
85. 無所不達的推銷話術	李玉瓊編譯	150 元

・處　世　智　慧・電腦編號 03

1. 如何改變你自己	陸明編譯	120 元
6. 靈感成功術	譚繼山編譯	80 元
8. 扭轉一生的五分鐘	黃柏松編譯	100 元
10. 現代人的詭計	林振輝譯	100 元
13. 口才必勝術	黃柏松編譯	120 元
14. 女性的智慧	譚繼山編譯	90 元
16. 人生的體驗	陸明編譯	80 元
18. 幽默吹牛術	金子登著	90 元
19. 攻心說服術	多湖輝著	100 元
24. 慧心良言	亦奇著	80 元
25. 名家慧語	蔡逸鴻主編	90 元
28. 如何發揮你的潛能	陸明編譯	90 元
29. 女人身態語言學	李常傳譯	130 元
30. 摸透女人心	張文志譯	90 元
32. 給女人的悄悄話	妮倩編譯	90 元
34. 如何開拓快樂人生	陸明編譯	90 元
36. 成功的捷徑	鐘文訓譯	70 元
37. 幽默逗笑術	林振輝著	120 元
38. 活用血型讀書法	陳炳崑譯	80 元

39. 心　燈	葉于模著	100元
40. 當心受騙	林顯茂譯	90元
41. 心・體・命運	蘇燕謀譯	70元
43. 宮本武藏五輪書金言錄	宮本武藏著	100元
47. 成熟的愛	林振輝譯	120元
48. 現代女性駕馭術	蔡德華著	90元
49. 禁忌遊戲	酒井潔著	90元
52. 摸透男人心	劉華亭編譯	80元
53. 如何達成願望	謝世輝著	90元
54. 創造奇蹟的「想念法」	謝世輝著	90元
55. 創造成功奇蹟	謝世輝著	90元
57. 幻想與成功	廖松濤譯	80元
58. 反派角色的啟示	廖松濤編譯	70元
59. 現代女性須知	劉華亭編著	75元
62. 如何突破內向	姜倩怡編譯	110元
64. 讀心術入門	王家成編譯	100元
65. 如何解除內心壓力	林美羽編著	110元
66. 取信於人的技巧	多湖輝著	110元
68. 自我能力的開拓	卓一凡編著	110元
70. 縱橫交涉術	嚴思圖編著	90元
71. 如何培養妳的魅力	劉文珊編著	90元
75. 個性膽怯者的成功術	廖松濤編譯	100元
76. 人性的光輝	文可式編著	90元
79. 培養靈敏頭腦秘訣	廖玉山編著	90元
80. 夜晚心理術	鄭秀美編譯	80元
81. 如何做個成熟的女性	李玉瓊編著	80元
82. 現代女性成功術	劉文珊編著	90元
83. 成功說話技巧	梁惠珠編譯	100元
84. 人生的真諦	鐘文訓編譯	100元
85. 妳是人見人愛的女孩	廖松濤編著	120元
87. 指尖・頭腦體操	蕭京凌編譯	90元
88. 電話應對禮儀	蕭京凌編著	120元
89. 自我表現的威力	廖松濤編譯	100元
90. 名人名語啟示錄	喬家楓編著	100元
91. 男與女的哲思	程鐘梅編譯	110元
92. 靈思慧語	牧風著	110元
93. 心靈夜語	牧風著	100元
94. 激盪腦力訓練	廖松濤編譯	100元
95. 三分鐘頭腦活性法	廖玉山編譯	110元
96. 星期一的智慧	廖玉山編譯	100元
97. 溝通說服術	賴文琇編譯	100元

・健康與美容・電腦編號 04

3. 媚酒傳(中國王朝秘酒)	陸明主編	120 元
5. 中國回春健康術	蔡一藩著	100 元
6. 奇蹟的斷食療法	蘇燕謀譯	130 元
8. 健美食物法	陳炳崑譯	120 元
9. 驚異的漢方療法	唐龍編著	90 元
10. 不老強精食	唐龍編著	100 元
12. 五分鐘跳繩健身法	蘇明達譯	100 元
13. 睡眠健康法	王家成譯	80 元
14. 你就是名醫	張芳明譯	90 元
19. 釋迦長壽健康法	譚繼山譯	90 元
20. 腳部按摩健康法	譚繼山譯	120 元
21. 自律健康法	蘇明達譯	90 元
23. 身心保健座右銘	張仁福著	160 元
24. 腦中風家庭看護與運動治療	林振輝譯	100 元
25. 秘傳醫學人相術	成玉主編	120 元
26. 導引術入門(1)治療慢性病	成玉主編	110 元
27. 導引術入門(2)健康・美容	成玉主編	110 元
28. 導引術入門(3)身心健康法	成玉主編	110 元
29. 妙用靈藥・蘆薈	李常傳譯	150 元
30. 萬病回春百科	吳通華著	150 元
31. 初次懷孕的 10 個月	成玉編譯	130 元
32. 中國秘傳氣功治百病	陳炳崑編譯	130 元
35. 仙人長生不老學	陸明編譯	100 元
36. 釋迦秘傳米粒刺激法	鐘文訓譯	120 元
37. 痔・治療與預防	陸明編譯	130 元
38. 自我防身絕技	陳炳崑編譯	120 元
39. 運動不足時疲勞消除法	廖松濤譯	110 元
40. 三溫暖健康法	鐘文訓編譯	90 元
43. 維他命與健康	鐘文訓譯	150 元
45. 森林浴—綠的健康法	劉華亭編譯	80 元
47. 導引術入門(4)酒浴健康法	成玉主編	90 元
48. 導引術入門(5)不老回春法	成玉主編	90 元
49. 山白竹(劍竹)健康法	鐘文訓譯	90 元
50. 解救你的心臟	鐘文訓編譯	100 元
52. 超人氣功法	陸明編譯	110 元
54. 借力的奇蹟(1)	力拔山著	100 元
55. 借力的奇蹟(2)	力拔山著	100 元
56. 五分鐘小睡健康法	呂添發撰	120 元
59. 艾草健康法	張汝明編譯	90 元
60. 一分鐘健康診斷	蕭京凌編譯	90 元
61. 念術入門	黃靜香編譯	90 元

62. 念術健康法	黃靜香編譯	90 元
63. 健身回春法	梁惠珠編譯	100 元
64. 姿勢養生法	黃秀娟編譯	90 元
65. 仙人瞑想法	鐘文訓譯	120 元
66. 人蔘的神效	林慶旺譯	100 元
67. 奇穴治百病	吳通華著	120 元
68. 中國傳統健康法	靳海東著	100 元
71. 酵素健康法	楊皓編譯	120 元
73. 腰痛預防與治療	五味雅吉著	130 元
74. 如何預防心臟病・腦中風	譚定長等著	100 元
75. 少女的生理秘密	蕭京凌譯	120 元
76. 頭部按摩與針灸	楊鴻儒譯	100 元
77. 雙極療術入門	林聖道著	100 元
78. 氣功自療法	梁景蓮著	120 元
79. 大蒜健康法	李玉瓊編譯	120 元
81. 健胸美容秘訣	黃靜香譯	120 元
82. 鍺奇蹟療效	林宏儒譯	120 元
83. 三分鐘健身運動	廖玉山譯	120 元
84. 尿療法的奇蹟	廖玉山譯	120 元
85. 神奇的聚積療法	廖玉山譯	120 元
86. 預防運動傷害伸展體操	楊鴻儒編譯	120 元
88. 五日就能改變你	柯素娥譯	110 元
89. 三分鐘氣功健康法	陳美華譯	120 元
91. 道家氣功術	早島正雄著	130 元
92. 氣功減肥術	早島正雄著	120 元
93. 超能力氣功法	柯素娥譯	130 元
94. 氣的瞑想法	早島正雄著	120 元

・家 庭／生 活・電腦編號 05

1. 單身女郎生活經驗談	廖玉山編著	100 元
2. 血型・人際關係	黃靜編著	120 元
3. 血型・妻子	黃靜編著	110 元
4. 血型・丈夫	廖玉山編譯	130 元
5. 血型・升學考試	沈永嘉編譯	120 元
6. 血型・臉型・愛情	鐘文訓編譯	120 元
7. 現代社交須知	廖松濤編譯	100 元
8. 簡易家庭按摩	鐘文訓編譯	150 元
9. 圖解家庭看護	廖玉山編譯	120 元
10. 生男育女隨心所欲	岡正基編著	160 元
11. 家庭急救治療法	鐘文訓編著	100 元
12. 新孕婦體操	林曉鐘譯	120 元
13. 從食物改變個性	廖玉山編譯	100 元
14. 藥草的自然療法	東城百合子著	200 元

15. 糙米菜食與健康料理	東城百合子著	180元
16. 現代人的婚姻危機	黃靜編著	90元
17. 親子遊戲　0歲	林慶旺編譯	100元
18. 親子遊戲　1～2歲	林慶旺編譯	110元
19. 親子遊戲　3歲	林慶旺編譯	100元
20. 女性醫學新知	林曉鐘編譯	180元
21. 媽媽與嬰兒	張汝明編譯	180元
22. 生活智慧百科	黃靜編譯	100元
23. 手相・健康・你	林曉鐘編譯	120元
24. 菜食與健康	張汝明編譯	110元
25. 家庭素食料理	陳東達著	140元
26. 性能力活用秘法	米開・尼里著	150元
27. 兩性之間	林慶旺編譯	120元
28. 性感經穴健康法	蕭京凌編譯	150元
29. 幼兒推拿健康法	蕭京凌編譯	100元
30. 談中國料理	丁秀山編著	100元
31. 舌技入門	增田豐著	160元
32. 預防癌症的飲食法	黃靜香編譯	150元
33. 性與健康寶典	黃靜香編譯	180元
34. 正確避孕法	蕭京凌編譯	180元
35. 吃的更漂亮美容食譜	楊萬里著	120元
36. 圖解交際舞速成	鐘文訓編譯	150元
37. 觀相導引術	沈永嘉譯	130元
38. 初為人母12個月	陳義譯	180元
39. 圖解麻將入門	顧安行編譯	180元
40. 麻將必勝秘訣	石利夫編譯	180元
41. 女性一生與漢方	蕭京凌編譯	100元
42. 家電的使用與修護	鐘文訓編譯	160元
43. 錯誤的家庭醫療法	鐘文訓編譯	100元
44. 簡易防身術	陳慧珍編譯	150元
45. 茶健康法	鐘文訓編譯	130元
46. 雞尾酒大全	劉雪卿譯	180元
47. 生活的藝術	沈永嘉編著	120元
48. 雜草雜果健康法	沈永嘉編著	120元
49. 如何選擇理想妻子	荒谷慈著	110元
50. 如何選擇理想丈夫	荒谷慈著	110元
51. 中國食與性的智慧	根本光人著	150元
52. 開運法話	陳宏男譯	100元
53. 禪語經典＜上＞	平田精耕著	150元
54. 禪語經典＜下＞	平田精耕著	150元
55. 手掌按摩健康法	鐘文訓譯	180元
56. 腳底按摩健康法	鐘文訓譯	180元
57. 仙道運氣健身法	李玉瓊譯	150元
58. 健心、健體呼吸法	蕭京凌譯	120元

59. 自彊術入門	蕭京凌譯	120 元
60. 指技入門	增田豐著	160 元
61. 下半身鍛鍊法	增田豐著	180 元
62. 表象式學舞法	黃靜香編譯	180 元
63. 圖解家庭瑜伽	鐘文訓譯	130 元
64. 食物治療寶典	黃靜香編譯	130 元
65. 智障兒保育入門	楊鴻儒譯	130 元
66. 自閉兒童指導入門	楊鴻儒譯	180 元
67. 乳癌發現與治療	黃靜香譯	130 元
68. 盆栽培養與欣賞	廖啟新編譯	180 元
69. 世界手語入門	蕭京凌編譯	180 元
70. 賽馬必勝法	李錦雀編譯	200 元
71. 中藥健康粥	蕭京凌編譯	120 元
72. 健康食品指南	劉文珊編譯	130 元
73. 健康長壽飲食法	鐘文訓編譯	150 元
74. 夜生活規則	增田豐著	160 元
75. 自製家庭食品	鐘文訓編譯	200 元
76. 仙道帝王招財術	廖玉山譯	130 元
77. 「氣」的蓄財術	劉名揚譯	130 元
78. 佛教健康法入門	劉名揚譯	130 元
79. 男女健康醫學	郭汝蘭譯	150 元
80. 成功的果樹培育法	張煌編譯	130 元
81. 實用家庭菜園	孔翔儀編譯	130 元
82. 氣與中國飲食法	柯素娥編譯	130 元
83. 世界生活趣譚	林其英著	160 元
84. 胎教二八〇天	鄭淑美譯	220 元
85. 酒自己動手釀	柯素娥編著	160 元
86. 自己動「手」健康法	劉雪卿譯	160 元
87. 香味活用法	森田洋子著	160 元
88. 寰宇趣聞搜奇	林其英著	200 元
89. 手指回旋健康法	栗田昌裕著	200 元
90. 家庭巧妙收藏	蘇秀玉譯	200 元
91. 餐桌禮儀入門	風間璋子著	200 元
92. 住宅設計要訣	吉田春美著	200 元

・命 理 與 預 言・電腦編號 06

1. 12 星座算命術	訪星珠著	200 元
2. 中國式面相學入門	蕭京凌編著	180 元
3. 圖解命運學	陸明編著	200 元
4. 中國秘傳面相術	陳炳崑編著	180 元
5. 13 星座占星術	馬克・矢崎著	200 元
6. 命名彙典	水雲居士編著	180 元
7. 簡明紫微斗術命運學	唐龍編著	220 元

8. 住宅風水吉凶判斷法	琪輝編譯	180元
9. 鬼谷算命秘術	鬼谷子著	200元
10. 密教開運咒法	中岡俊哉著	250元
11. 女性星魂術	岩滿羅門著	200元
12. 簡明四柱推命學	李常傳編譯	150元
13. 手相鑑定奧秘	高山東明著	200元
14. 簡易精確手相	高山東明著	200元
15. 13星座戀愛占卜	彤雲編譯組	200元
16. 女巫的咒法	柯素娥譯	230元
17. 六星命運占卜學	馬文莉編著	230元
18. 樸克牌占卜入門	王家成譯	100元
19. Ａ血型與十二生肖	鄒雲英編譯	90元
20. Ｂ血型與十二生肖	鄒雲英編譯	90元
21. Ｏ血型與十二生肖	鄒雲英編譯	100元
22. ＡＢ血型與十二生肖	鄒雲英編譯	90元
23. 筆跡占卜學	周子敬著	220元
24. 神秘消失的人類	林達中譯	80元
25. 世界之謎與怪談	陳炳崑譯	80元
26. 符咒術入門	柳玉山人編	150元
27. 神奇的白符咒	柳玉山人編	160元
28. 神奇的紫等咒	柳玉山人編	200元
29. 秘咒魔法開運術	吳慧鈴編譯	180元
30. 諾米空秘咒法	馬克・矢崎編著	220元
31. 改變命運的手相術	鐘文訓著	120元
32. 黃帝手相占術	鮑黎明著	230元
33. 惡魔的咒法	杜美芳譯	230元
34. 腳相開運術	王瑞禎譯	130元
35. 面相開運術	許麗玲譯	150元
36. 房屋風水與運勢	邱震睿編譯	200元
37. 商店風水與運勢	邱震睿編譯	200元
38. 諸葛流天文遁甲	巫立華譯	150元
39. 聖帝五龍占術	廖玉山譯	180元
40. 萬能神算	張助馨編著	120元
41. 神祕的前世占卜	劉名揚譯	150元
42. 諸葛流奇門遁甲	巫立華譯	150元
43. 諸葛流四柱推命	巫立華譯	180元
44. 室內擺設創好運	小林祥晃著	200元
45. 室內裝潢開運法	小林祥晃著	230元
46. 新・大開運吉方位	小林祥晃著	200元
47. 風水的奧義	小林祥晃著	200元
48. 開運風水收藏術	小林祥晃著	200元
49. 商場開運風水術	小林祥晃著	200元
50. 骰子開運易占	立野清隆著	250元
51. 四柱推命愛情運	李芳黛譯	220元

52. 風水開運飲食法	小林祥晃著	200元
53. 最新簡易手相	小林八重子著	220元
54. 最新占術大全	高平鳴海著	300元

·教養特輯· 電腦編號07

1. 管教子女絕招	多湖輝著	70元
5. 如何教育幼兒	林振輝譯	80元
7. 關心孩子的眼睛	陸明編	70元
8. 如何生育優秀下一代	邱夢蕾編著	100元
10. 現代育兒指南	劉華亭編譯	90元
12. 如何培養自立的下一代	黃靜香編譯	80元
14. 教養孩子的母親暗示法	多湖輝編譯	80元
15. 奇蹟教養法	鐘文訓編譯	90元
16. 慈父嚴母的時代	多湖輝著	90元
17. 如何發現問題兒童的才智	林慶旺譯	100元
18. 再見！夜尿症	黃靜香編譯	90元
19. 育兒新智慧	黃靜編譯	90元
20. 長子培育術	劉華亭編譯	80元
21. 親子運動遊戲	蕭京凌編譯	90元
22. 一分鐘刺激會話法	鐘文訓編著	90元
23. 啟發孩子讀書的興趣	李玉瓊編著	100元
24. 如何使孩子更聰明	黃靜編著	100元
25. ３·４歲育兒寶典	黃靜香編譯	100元
26. 一對一教育法	林振輝編譯	100元
27. 母親的七大過失	鐘文訓編譯	100元
28. 幼兒才能開發測驗	蕭京凌編譯	100元
29. 教養孩子的智慧之眼	黃靜香編譯	100元
30. 如何創造天才兒童	林振輝編譯	90元
31. 如何使孩子數學滿點	林明嬋編著	100元

·消遣特輯· 電腦編號08

1. 小動物飼養秘訣	徐道政譯	120元
2. 狗的飼養與訓練	張文志譯	130元
4. 鴿的飼養與訓練	林振輝譯	120元
5. 金魚飼養法	鐘文訓編譯	130元
6. 熱帶魚飼養法	鐘文訓編譯	180元
8. 妙事多多	金家驊編譯	80元
9. 有趣的性知識	蘇燕謀編譯	100元
11. 100種小鳥養育法	譚繼山編譯	200元
12. 樸克牌遊戲與贏牌秘訣	林振輝編譯	120元
13. 遊戲與餘興節目	廖松濤編著	100元

國家圖書館出版品預行編目資料

佛教與女性/岩本裕著；劉欣如譯
——初版，——臺北市，大展，［1998］民87
面；21公分，——（心靈雅集；60）
譯自：仏教と女性
ISBN 957-557-850-3（平裝）
1.佛教—哲學原理 2.婦女—宗教方面
220.139 87010217

First published in Japan in 1980 by Daisan Bunmei－Sha
Chinese translation rights arranged with Daisan Bunmei－Sha
through Japan Foreign－Rights Centre/Keio Cultural Enterprise Co., Ltd.
版權仲介/京王文化事業有限公司

佛教與女性 ISBN 957-557-850-3
原著者/岩 本 裕
編譯者/劉 欣 如
發行人/蔡 森 明
出版者/大展出版社有限公司
社 址/台北市北投區（石牌）致遠一路2段12巷1號
電 話/（02）28236031・28236033
傳 真/（02）28272069
郵政劃撥/0166955-1
登記證/局版臺業字第2171號
承印者/高星企業有限公司
裝 訂/日新裝訂所
排版者/弘益電腦排版有限公司
電 話/（02）27403609・27112792
初版1刷/1998年（民87年） 9月

定 價/180元

●本書若有破損、缺頁敬請寄回本社更換●